VOCABULAIRE
DE
L'HINDOUISME

Principaux ouvrages de Jean Herbert sur l'Orientalisme

Aux Éditions Dervy-Livres
dans la collection « Mystiques et Religions »

RÉFLEXIONS SUR LA BHAGAVAD GÎTÂ, VUE DANS SON CONTEXTE, Paris, 1976.
LA COSMOGONIE JAPONAISE, Paris, 1977.
LE YOGA DE LA VIE QUOTIDIENNE (KARMA-YOGA), Paris, 1978.
L'INTERPRÉTATION PSYCHOLOGIQUE DU VÉDA SELON SHRÎ AUROBINDO, Paris, 1979.
LA RELIGION D'OKINAWA, Paris, 1980.
L'HINDOUISME VIVANT, Paris, 1983.

Chez d'autres éditeurs

CE QUE GANDHI A VRAIMENT DIT, Stock, Paris, 1958.
INTRODUCTION A L'ASIE, Albin Michel, Paris, 1960.
AUX SOURCES DU JAPON, LE SHINTÔ, Albin Michel, Paris, 1964.
LES DIEUX NATIONAUX DU JAPON, Albin Michel, Paris, 1965.
DIEUX ET SECTES POPULAIRES DU JAPON, Albin Michel, Paris, 1967.
SPIRITUALITÉ HINDOUE, Albin Michel, Paris, 1972.
LE YOGA DE L'AMOUR, LA GESTE DE KRISHNA, Albin Michel, Paris, 1973.
LA MYTHOLOGIE HINDOUE, SON MESSAGE, Albin Michel, Paris, 1980.

COLLECTION « MYSTIQUES ET RELIGIONS »

Jean HERBERT
Jean VARENNE

VOCABULAIRE

DE L'HINDOUISME

DERVY-LIVRES
26, rue Vauquelin
PARIS Vᵉ

Ouvrages de Jean Varenne

MAHÂ NÂRÂYANA UPANISHAD, édition critique, traduction, commentaire, De Boccard, 1962.
ZARATHUSHTRA ET LA TRADITION MAZDÉENNE, Le Seuil, 1966 ; nouvelle édition 1977.
GANAPATI UPANISHAD, publiée et traduite, Adrien Maisonneuve, 1966.
TEXTES SANSKRITS, Ophrys, 1966.
MYTHES ET LÉGENDES EXTRAITS DES BRÂHMANAS, Gallimard, 1967.
LE VÉDA, Denoël, 1967.
DÉVÎ UPANISHAD, publiée et traduite, Adrien Maisonneuve, 1971.
GRAMMAIRE DU SANSKRIT, Presses Universitaires de France, 1971 ; nouvelle édition, 1978.
UPANISHADS DU YOGA, traduites et commentées, Gallimard, 1972 ; nouvelle édition, 1975.
LE YOGA ET LA TRADITION HINDOUE, Denoël, 1974 ; nouvelle édition, Retz, 1976.
ZOROASTRE, Seghers, 1975.
CÉLÉBRATION DE LA GRANDE DÉESSE, Dévî-Mâhâtmya publié et traduit, Les Belles Lettres, 1975.
LE TANTRISME, Retz, 1977.
SEPT UPANISHADS, traduites et commentées, Le Seuil, 1980.
COSMOGONIES VÉDIQUES, Les Belles Lettres, 1982.
L'ART DE L'INDE, Flammarion, 1983.

© Dervy-Livres, juin 1985
N° ISBN : 2-85076-183-4

AVANT-PROPOS

Ce livre a une histoire. Il est né de conversations amicales que j'ai eues avec Jean Herbert, à Vandœuvres, à Zinal, à Mévouillon, et dans tant d'autres lieux où nous réunissaient notre amitié et notre commun souci d'aider à faire mieux connaître l'Inde. Comme j'évoquais souvent la série de « *Glossaire de l'Hindouisme* » que Jean Herbert avait mise en chantier à la fin de la dernière guerre et qui n'était pas allée au-delà du troisième fascicule (sur les seize prévus), l'idée germa d'en reprendre la matière sous une autre forme.

Nous y étions poussés par une demande pressante. Nombreux en effet étaient ceux qui, au terme d'une causerie que nous donnions ici ou là, nous demandaient de préciser le sens d'un terme sanskrit que nous avions employé ou s'inquiétaient des divergences qu'ils croyaient déceler entre l'usage de tel mot par Vivékânanda, par exemple, et celui qu'en faisait tel autre maître contemporain ou tel auteur occidental.

D'où la question que Jean Herbert me posa un jour : pourquoi ne ferions-nous pas ce *Vocabulaire* ensemble ? L'un mettrait au service de l'entreprise commune sa connaissance du sanskrit, l'autre sa familiarité avec la pensée des grands maîtres contemporains, dont témoignent tant de volumes parus dans la collection « *Spiritualités Vivantes* ».

Je ne pouvais repousser une telle offre et mon acceptation inaugura un travail difficile mais exaltant qui contribua encore à nous rapprocher en multipliant les occasions de nous rencontrer. Sans cesse repris, sans cesse corrigé par les lectures, alternées ou simultanées, que nous en avons faites, le manuscrit a fini par être au point au cours de l'été 1980 ; ce même été où, par un arrêt du destin, Jean Herbert se trouva ravi à l'affection des siens et de tous ceux qui l'aimaient de par le monde.

C'est donc une tragédie que le maître d'œuvre de ce livre n'ait pu l'avoir en mains, imprimé, définitif. Du moins en a-t-il vu le manuscrit entièrement achevé, à l'exception de cet *Avant-propos*. Le lecteur devra donc lire ce vocabulaire comme ce qu'il est : un travail de Jean Herbert auquel j'ai modestement contribué pour une part qui s'est précisée dans l'*Introduction*.

Mais surtout je souhaite que l'on tienne ce travail pour un signe de la passion qui animait Jean Herbert pour l'Inde vivante : que l'on songe à la persévérance qui lui fut nécessaire pour relever dans des milliers de pages les mots qu'il souhaitait voir figurer dans ce *Vocabulaire,* puis pour systématiser ce relevé et lui donner une forme claire et cohérente !

Interprète de métier, lexicographe de vocation, Jean Herbert était particulièrement à même de réussir dans cette tâche. Mais il ne l'eût pas entreprise s'il n'avait été convaincu de sa nécessité et si, surtout, il n'avait eu le sentiment de rendre, ce faisant, quelque chose de ce que l'Inde lui avait un jour donné. Qu'il en soit remercié pour tous ceux qui, au fil des ans, utiliseront ce livre.

Jean VARENNE

ABRÉVIATIONS

adj.	adjectif
adv.	adverbe
AM	Mâ Ananda Moyî
Aur	Shrî Aurobindo
cf.	renvoie à un autre article
f.	féminin
Gd	Gandhi
m.	masculin
nt.	neutre
num.	numéral
part.	participe
plur.	pluriel
préf.	préfixe
prés.	présent
pron. per.	pronom personnel
rac.	racine
Rdas	Swâmî Râmdâs
RKr	Shrî Râmakrishna
RMah	Râmana Maharshi
Siv	Swâmî Sivananda Sarasvati
subst.	substantif
suff.	suffixe
syn.	synonyme
Viv	Swâmî Vivékânanda

PRONONCIATION DES MOTS SANSKRITS

L'usage qui est fait ici d'une transcription simplifiée de l'écriture nâgarî rend aisée la prononciation des mots sanskrits. D'une manière générale, voyelles et consonnes se prononcent donc comme en français. On notera cependant :

1º que le son z n'existe pas en sanskrit ; il faut donc prononcer âssana, rassa, dâssa ce qui est orthographié *âsana, rasa, dâsa.*

2º que le g est toujours dur (comme dans gare) ; il faut donc prononcer guîtâ, yoguî, ce qui est orthographié *gîtâ, yogî* ;

3º que le u se prononce ou : *guru* ⟩ gourou ; noter aussi que le groupe au se prononce aou (et non o) ;

4º que le ch et le j se prononcent tch et dj ; exemples : *âcharya* (âthârya), *jîva* (djîva) ;

5º l'accent circonflexe indique que la voyelle sur laquelle il est placé est longue : le mot *pâla* (« gardien ») se prononce donc à peu près comme le français pâle.

INTRODUCTION

L'objet de ce livre est de présenter au lecteur non-spécialiste un inventaire des aspects les plus importants de l'Hindouisme vivant sous la forme d'un *glossaire*, c'est-à-dire d'une sorte d'index où les mots couramment employés dans les ouvrages qui traitent de la culture indienne traditionnelle sont classés par ordre alphabétique et brièvement expliqués.

Trop souvent en effet les auteurs (et leurs traducteurs) utilisent des termes qui n'appartiennent pas à notre langue, tels que *brahman, âtman, buddhi, manas, karman,* etc., sans en préciser le sens, comme si celui-ci allait de soi. C'est oublier le « premier lecteur », celui qui, s'intéressant pour la première fois à la spiritualité hindoue, ouvre le livre et se trouve confronté à un vocabulaire qui le déconcerte.

Il en résulte parfois que ce premier lecteur, rebuté par ce qu'il croit être un jargon de spécialistes, arrête là son expérience et se détourne de la culture indienne, allant ainsi à l'inverse de ce que souhaitaient les auteurs. Tel autre, par contre, se délectera de découvrir ces mots étranges et de les utiliser. Mais on peut craindre que cette utilisation sera incorrecte, faute de définitions simples et accessibles à tous. Mal prononcés, involontairement détournés de leur sens véritable, les mots sanskrits risquent fort de ne plus être que les garants d'une fausse science...

Ce double danger est devenu bien réel depuis que l'extraordinaire développement des associations de Yoga en Europe a conduit des dizaines de milliers de personnes à manier des concepts d'origine hindoue et donc à utiliser un vocabulaire sanskrit. Dans ces cercles, on parle couramment de *prânâyama*, d'*âsana*, de *dhyâna*, de *samâdhi*, etc., sans être toujours en mesure de définir ces notions avec précision, ni surtout d'en fournir une traduction adéquate. Encore sont-ce là des mots « simples » (parce que très fréquemment employés), mais que dire de vocables tels que *purusha, prakriti, sâmkhya, mâyâ, tapas*, et tant d'autres qui surgissent au détour d'une phrase sans être autrement expliqués ?

Il a donc paru urgent de fournir un instrument de travail commode qui permette à tous ceux que la pensée indienne intéresse de lire les ouvrages de base où celle-ci est exposée et éventuellement de manipuler sans trop de dommage un vocabulaire quelque peu « exotique ».

CHOIX DES TERMES

Bien entendu, il n'était pas possible de réunir tous les mots de la langue philosophique ; ceux-ci sont trop nombreux : les expliquer à fond eût conduit à écrire une encyclopédie de l'hindouisme. De la même façon, les noms propres abondent dans les textes et il ne pouvait être question de les donner tous, non plus que l'on ne pouvait songer à être exhaustif dans le domaine du Yoga. Au total on a donc décidé de faire un choix basé sur l'indice de fréquence des mots le plus souvent employés dans les ouvrages de large diffusion publiés depuis une cinquantaine d'années. Presque tous ces livres sont pourvus d'un index et c'est à partir de ceux-ci que l'on a établi la liste des entrées de ce Vocabulaire.

a) En premier lieu on a réuni les mots, presque tous sanskrits, de *la langue philosophique et religieuse*. Ces mots constituent donc le noyau de ce livre et en occupent la plus grande partie. Ce sont ceux d'ailleurs qui suscitent le plus de curiosité, et à juste titre puisqu'ils désignent quelques-uns des concepts de base de l'hindouisme, tels que *purusha, ahimsâ, mâyâ, âtman,* etc.

b) En second lieu, on trouvera ici les noms des différents *courants de la vie spirituelle indienne* : Védânta, Yoga, etc. Avec leurs variantes : *karmayoga, bhakti, jnâna,* et autres. On est allé assez loin dans ce domaine puisque figurent dans la liste des termes tels que *vishishtâdvaïta,* ou *gaunabhakti.*

c) Une autre catégorie bien représentée ici est celle des *noms propres* (Patanjali, Shankara, etc.) ; noms de lieux, de rivières, de montagnes, etc., en se limitant, bien entendu, à ceux qui jouent un rôle particulier dans la culture indienne (centres de pèlerinage, sanctuaires célèbres, etc.).

d) Il en est de même des *noms mythologiques* dont on sait qu'ils foisonnent en Inde. Vouloir les donner tous eût été une entreprise utopique. On s'est donc limité à ceux qui reviennent sans cesse : Brahmâ, Vishnu, Shiva, Krishna, Ganésha, etc., ainsi qu'à ceux qui jouent un rôle particulier dans telle ou telle voie spirituelle (ainsi, par exemple le mot *gopî* figure dans la liste en raison de son importance dans le courant dévotionnel contemporain).

e) Quant au *Hatha-Yoga*, si bien implanté désormais en Europe, il ne pouvait être question de l'ignorer. Mais les difficultés ne manquaient pas. Il fallut d'abord faire un tri, fort difficile, dans un vocabulaire technique particulièrement abondant. Il apparut ensuite que l'on ne pouvait se contenter d'une brève définition. Ecrire que *padmâsana* signifie « Posture du Lotus » n'avance guère le lecteur, on en conviendra. On est donc allé plus loin en utilisant comme base de travail le *Glossaire du Râja-Yoga et du Hatha-Yoga* publié par Jean Herbert en 1946 et aujourd'hui épuisé. On ne s'étonnera donc pas de la disproportion entre les notices de Hatha-Yoga et celles qui concernent le Védânta par exemple : les premières sont descriptives, par nécessité ; les secondes restent volontairement succintes pour les raisons invoquées plus haut.

NATURE DES DÉFINITIONS

Il est temps de dire que l'originalité de ce *Vocabulaire* réside dans le fait qu'on a voulu combiner des définitions simples, rapides, du type de celles que donne un bon dictionnaire, avec un relevé des acceptions particulières données aux mêmes mots par les maîtres contemporains. Il faut savoir en effet que le sanskrit est une langue très archaïque qui fut parlée dans l'Inde du Nord-Ouest durant le deuxième millénaire avant notre ère. De lui dérivent des langues indiennes telles que le hindî ou le bengali, qui en sont les petites-filles comme le français ou l'italien le sont du latin. Resté vivant comme langue de référence dans le domaine de la théologie et de la philosophie, le sanskrit fournit presque tout le vocabulaire de ces disciplines même lorsque les livres sont rédigés en anglais, ou en bengali par exemple.

Mais il va sans dire que l'usage de termes « spéculatifs » tirés de leur contexte linguistique amène inévitablement des distorsions. Non pas qu'il y ait équivoque chez celui qui enseigne ni chez celui qui reçoit l'enseignement : en Inde, tous ceux qui fréquentent *un* maître savent d'avance ce que sont le *manas,* la *buddhi,* ou l'*ahimsâ.* Mais la complexité de ces concepts est si grande que personne ne s'étonne de les voir présentés de façon inattendue. Au contraire ; on peut dire sans exagération que l'un des aspects les plus appréciés d'un enseignement est l'éclairage projeté par le maître sur un « objet culturel » que l'on croyait bien connaître.

A lire les textes des contemporains tels que ceux que Jean Herbert a traduits pour la collection *Spiritualités Vivantes*, on s'aperçoit que très souvent la « leçon » du maître s'articule autour de la définition soit-disant « nouvelle » d'un mot connu, c'est-à-dire, en fait, de sa re-découverte. « Vous pensiez savoir ce qu'est *prâna* ; il vous suffisait de le comprendre comme ceci ou comme cela ; eh bien, vous aviez tort : *prâna,* c'est aussi telle chose et encore telle autre, etc. »

C'est dans cette perspective que l'on a décidé de donner pour chaque mot non seulement la définition-type (celle qui pourrait figurer dans un dictionnaire) mais également la traduction particulière qu'en a donné, à l'occasion, tel ou tel maître contemporain. On remarquera à ce propos que le même *guru* peut avoir donné au même mot des significations très différentes. Mais on ne devra pas s'en étonner : ces termes-clés sont comme des diamants qui, selon la façon dont ils sont éclairés, passent par toutes les nuances du prisme.

Pour que le lecteur repère plus facilement ces diverses « définitions » et qu'il se fasse une idée claire de leur utilisation par tel ou tel maître contemporain, on a donc indiqué à chaque fois : d'abord le « sens premier » marqué d'un 1°), puis lorsque le cas se présente les acceptations particulières de ce même mot ; chacune est numérotée : 2°), 3°), etc., et suivie de la mention abrégée de l'auteur chez qui elle a été relevée : AUR pour Shrî Aurobindo, VIV pour Vivékânanda, etc. Toutes ces abréviations sont reprises dans la liste donnée, page 9.

Ajoutons que c'est la première fois qu'un tel travail a été effectué. La confrontation de ces diverses acceptions (et la présence du sens de base ; parfois aussi de l'étymologie) sera, croyons-nous, hautement significative : le lecteur découvrira grâce à elle la richesse et la complexité de la culture indienne.

« Hindoue » serait mieux dit, car par un parti-pris délibéré (exprimé dans le titre de l'ouvrage) les auteurs ont choisi de s'en tenir au seul Hindouisme. On se trouvera donc aucun terme bouddhique, non plus qu'islamique, zoroastrien ou chrétien bien que ces diverses religions jouent un rôle important dans la spiritualité indienne contemporaine : là encore il fallait savoir se limiter.

Disons encore que l'indication constante du genre doit éviter les erreurs malencontreuses que font tant d'européens lorsqu'ils utilisent des termes sanskrits. Vouloir les éviter n'est pas simple manifestation d'érudition : la pensée hindoue est si profondément mythologique (et symbolique) que l'on ne peut impunément mettre au masculin un mot féminin, ou inversement. *Nidrâ* par exemple est un mot qui veut dire

« sommeil » mais c'est aussi le nom de la Déesse-du-Sommeil et il serait sacrilège de la « viriliser » !

De la même façon, si l'on tient à utiliser en public des mots sanskrits, ne convient-il pas de les prononcer correctement ? Les indiens qui entendent un occidental massacrer une langue qu'ils tiennent pour sacrée en sont profondément choqués, même s'ils n'en disent rien par courtoisie. On a donc indiqué la prononciation, lorsque celle-ci risquait de faire difficulté pour un lecteur de langue française. Et, bien entendu on en a dressé un Tableau systématique, donné page 10. Les lecteurs attentifs de ce Vocabulaire prononceront donc *âssana*, *guîta*, comme on doit le faire, lorsqu'ils utiliseront les mots sanskrits orthographiés *âsana, gîta*.

A

a- (ou *an-*), *préf.* négatif.

â-, *préf.* indiquant que l'action est faite au bénéfice du sujet.

â-bhâsa, *m.*
1. Lumière réfléchie.
2. Réflexion (RMah).

â-bhâsa-chaïtanya, *nt.* Conscience réfléchie.

a-bhâva, *m.*
1. Absence d'être.
2. Le moi en tant que néant et dépourvu de qualités (Viv).

a-bhaya, *nt.* Absence de peur.

a-bhéda. *adj.* Sans fissure, qu'on ne peut séparer.

abhi-, *préf.* marquant l'affrontement.

âbhichâra, *nt.* Sortilège.

âbhichâra-prayoga, *m.* Magie noire.

abhi-mâna, *m.*
1. Orgueil.
2. Egoïsme psychologique (Siv).
3. Sens de l'ego (Rdas).
4. Colère, révolte, désir de fuite (Aur).
5. Perte de la foi (Aur).
6. Désespoir (Aur).

Abhinava-Gupta (xe siècle). Célèbre théologien shivaïte et tantrique.

abhishéka, *m.*
1. Rite central dans le sacre d'un roi.
2. Une des formes de l'initiation.

âbhyantara-kumbhâka, *m.* Arrêt de la respiration

(*kumbhâka*) produit volontairement après une inspiration profonde, par opposition à *bâhya kumbhâka* et à *kevala kumbhâka*.

abhy-âsa, *m.*
1. Exercice.
2. Pratique du yoga (Aur).
3. Concentration, introversion (RMah).
4. Méditation constante (Siv).

a-chala, *adj.* Immuable, éternel. *Subst. m.* Colline (RMah).

âchamana, *nt.*
1. Purification.
2. Invocation (AM).

âchamanîya, *adj.* Purification. *Subst. nt.* Eau lustrale.

achanchalatâ, *f.* Quiétude (Aur).

a-chara, *adj.* Immuable.

â-châra, *m.*
1. Coutumes.
2. Observances (Siv).
3. Pureté intérieure et extérieure (Viv).

âchârya, *m.* (*Rac.* CHAR ; *préf. â-*). Maître spirituel ayant une connaissance approfondie des textes sacrés.

a-chintya, *adj.* Impensable.

achit, Prononciation moderne d'*a-chitta*.

a-chitta, *adj.* Non-pensé ; spontané.

a-chyuta, *adj.* Sans défaut.

a-darshana, *nt.* Disparition de ce qui jusqu'alors était visible.

adbhuta, *nt.* Merveille.

â-désha, *m.* Ordre impératif venant du Divin (Aur, AM).

adhama-prânâyâma, *m.* *Prânâyâma* inférieur, où les trois opérations durent respectivement le temps de prononcer 4, 16 et 8 fois *OM*.

â-dhâra, *m.*
1. Support.
2. Vase.
3. Combinaison du mental, de la vie et du corps considérés comme réceptacle pour la force et la conscience spirituelles (Aur).

adhi-, *préf.* marquant la supériorité ou le dépassement.

adhi-bhûta, *adj.* Qui concerne les êtres non-divins.

adhi-daïva, *adj.* Qui concerne le Divin.

adhi-kâra, *m.* Aptitude.

adhi-kârin, *m.* Celui qui est capable.

adhi-shthâna, *nt.*
1. Substrat.
2. Siège.
3. Domaine.

adhishthâna-devatâ, *f.* Le Divin en tant qu'il dirige l'homme du dedans (Aur).

adhi-yajna, *adj.* Qui concerne le *yajna*.

adhy-âsa, *nt.* Superposition.

adhy-âtma, *adj.* Qui concerne l'*âtman*.

âdi, *m.* Origine, début.

âdi-guru, *m.* Le premier Maître, Dieu.

a-drashtâ, *m.*
1. Celui qui ne voit pas.
2. Le Destin (Rdas).

adri, *m.* Montagne.

a-drishta, *adj.* Invisible.

advaïta (De *dva* ; *préf. a-*) *adj.* Non divisé, unique. — *Subst.,* *nt.* Souvent utilisé comme synonyme d'*advaïta-védânta*.

advaïta-vâda, *m.* Synonyme de *advaïta-védânta*.

advaïta-védânta, *m.* Doctrine métaphysique de l'unité, du monisme, de la non-dualité. Une des écoles du *védânta* selon laquelle, dans le macrocosme comme dans le microcosme, l'Un, l'Absolu (*âtman, brahman*) est seul vrai et réel, tandis que la manifestation, la multiplicité, n'est qu'une illusion, *mâyâ*. Syn. : *advaïta-vâda, mâyâ-vâda.* Cf. *dvaïta, Shankarâchârya, vishishtâdvaïta.*

âdya-shakti, *f.*
1. L'Énergie divine primordiale.
2. La Mère transcendante (Aur).

Âgama, *m.* Catégorie de textes sacrés, comparables aux Purânas et aux Tantras.

âgâmi-karma, *nt.* Le *Karma* en cours de formation.

agha, *nt.* Impureté, péché.

Agni, *m.*
1. Feu.
2. Dieu du feu.

agra, *nt.* Pointe, extrémité.

a-haïtukî, *f.*
1. Celle qui n'a pas de cause.
2. Aspiration inhérente (Aur).

ahaïtukî-bhakti, *f.* Dévotion qui ne dépend d'aucune condition (Aur).

aham, *pron. pers.*
1. Je.
2. L'ego, le sens de l'ego

ahambhâva, *m.* Conscience de l'ego.

« **aham Brahmâsmi** », « *Je suis Brahman !* »

ahamgraha-upâsanâ, *f.*
1. Méditation sur le vrai Moi.
2. Méditation sur OM (Siv).

ahamkâra, *m.* (*Rac.* KRI ; *pr. pers. aham*).
1. Principe d'individuation, sens de l'ego, conscience de la distinction d'avec le non-moi.
2. Dans l'*advaïta-védânta*, identification avec le moi illusoire.
3. Dans le *sâmkhya*, l'un des *tattvas*.

ahamkrita, *adj.* Plein de la conscience de l'ego (RMah).

ahamkrita-bhâva, *nt.* La conscience de l'ego.

â-hâra, *m.*
1. Repas.
2. Nourriture.

âhata, *adj.* Frappé.

ahimsâ, *f.* (De *himsâ*, préf. *a*).
1. Volonté de ne pas nuire.
2. Discipline visant à réfréner l'instinct d'agressivité.
3. Absence complète de jalousie, amour parfait (Gd).
4. L'un des *yamas*.

â-hûti, *f.* Offrande.

aja, *m.* Caprin.

a-ja, *adj.* Non-né.

a-jâna-déva, *m.* Dieu préexistant à la création du monde.

â-japa, *m. Japa* inconscient (AM).

ajapâ gâyatrî, *f.* Respiration (avec inhalation par une narine et expiration par l'autre) considérée comme émission d'un *mantra*.

ajâta-vâda, *m.* Doctrine qui nie l'existence de toute manifestation.

âjnâ, *f.* (Rac. JNÂ ; *préf. â-*). Autorité, commandement, maîtrise.

âjnâ-chakra, *nt.* Le *chakra* situé entre les sourcils. Représenté par un lotus à deux pétales, couleur de lune, où s'inscrit un triangle pointe en bas. On y entend la résonnance (*nâda*) OM. En rapport avec la *buddhi* Syn. : *dvidala-chakra, rudra-granthi, trikûta.*

a-jnâna, *nt.* Absence de connaissance de la Réalité. Ignorance.

a-jnânin, *m.* Plongé dans *a-jnâna.*

a-kâma-hata, *adj.* Qui n'est pas affecté par le désir (Viv).

a-karma, *adj.*
1. Qui ne produit pas de *Karma*.
2. Activité dans laquelle la volonté n'intervient pas (RMah).

a-kartâ, *m.* Qui n'est pas l'auteur de l'action.

âkâsha, *nt.*
1. Ciel resplendissant, espace.
2. L'espace lumineux dans lequel baignent toutes choses.
3. Symbole du *brahman.*
4. Matrice de tous les autres éléments.
5. Espace et lumière dans le corps subtil (*sûkshma-sharîra*).
6. Le premier des 24 *tattvas.*

a-khanda, *adj.*
1. Non divisé, indivisible.
2. Indifférencié.

a-kriyâ, *f.* Le fait de ne pas être l'auteur de l'action.

aksha, *m.* Sorte de noix dont on fait des chapelets.

aksha-mâlâ, *f.* Chapelet de prière.

a-kshânti, *f.* Irritabilité.

akshara, *nt.* (De *kshara*, périssable, *préf. a*).
1. Ce qui est impérissable.
2. « Le Moi supérieur silencieux et inactif au-dessus des changements et des perturbations de l'être naturel » (Aur).
3. Lettre de l'alphabet. - Cf. *ekâkshara, kshara.*

a-lakshana, *adj.* Indéfinissable.

â-lambana, *nt.* Support pour la concentration (Siv).

â-lasya, *nt.* Indolence.

a-lépa, *adj.* Sans souillure.

alîka, *adj.* Pseudo-

alpa, *adj.* Petit.

Alvârs, *m. pl.* Nom donné à un groupe de mystiques tamouls de date très ancienne.

a-mânusha, *adj.* Qui n'est pas humain.

a-mara, *adj.* Immortel.

Amaru (IXe siècle). Auteur de textes sacrés, comparables aux Purânas et aux Tantras.

a-mâtra, *adj.*
1. Sans mesure.
2. Hors de la durée (Siv).

ambho-ja, *m.* Lotus.

a-mitra, *adj.* Ennemi.

amrita, (*Rac.* MRI ; *préf. a-*), *Subst. nt.*
1. La vie éternelle.
2. Breuvage d'immortalité. *Syn. : rasa, soma.*

amritatva, *nt.* Immortalité.

amsha, *m.*
1. Portion.
2. Incarnation d'un aspect du Divin.

amshâvatara, *m.* Incarnation d'un aspect du Divin.

an-. Autre forme du préfixe *a-*.

AN, *rac.* Respirer. *Cf. prâna.*

an-abhidhyâ, *f.* Absence de convoitise.

an-âdi, *m.* Absence de commencement.

anâdyanantam, *adj.* Qui n'a ni commencement ni fin.

an-agha, *adj.* Sans péché, sans tache.

an-âhata, *nt.* Son émis en dehors des moyens physiques et perçu par les yogins.

anâhata-chakra, *m.* Le *chakra* situé dans la région du cœur. Représenté par un lotus à douze pétales de couleur grise où s'inscrivent deux triangles en « étoile de David ». On y entend la résonance (*nâda*) YAM. En rapport avec l'élément Air (*vâyu*). — *Syn. hridaya-*

chakra, hridaya-granthi, hrit-padma, vishnu-granthi.

ânanda, *m.*
1. Béatitude parfaite, félicité divine, joie spirituelle ineffable.
2. Un des éléments produits par le *samudramathana*.
3. Terminaison du nom de nombreux moines. — Cf. *Sachchidânanda.*

ânandamaya-kosha, *m.*
1. Le fourreau de béatitude.
2. Corps causal (RKr).
3. Corps subtil (RMah).

ânandamaya-purusha, *m.* L'un des cinq *purushas.*

ânanda-samâdhi, *m.* Extase de divine béatitude.

an-anta, *adj.* Sans fin. — *Subst.m.* Syn. de *Shésha.*

an-anya, *adj.* Sans autre objet.

ananya-bhakti, *f.* Amour infini (Rdas).

an-âtman, *m.* Ce qui n'est pas le Moi.

ânava,
1. *adj.* Qui a la nature de l'atome (*anu*). *Subst. nt.*
2. *subst. nt.* Limitation (RMah).
3. *subst. nt.* Croyance en la matérialité du *jîva* (Siv).

an-avasâda, *m.* Absence de découragement.

anga, *nt.* Membre, partie.

an-ichchâ, *f.* Absence d'intention.

anila, *m.*
1. Vent.
2. Souffle (Aur).

animan, *m.*
1. Petitesse.
2. Atome.
3. *Siddhi* par lequel on se rend aussi petit qu'un atome.

a-nirvachanîyâ, *f.* Ineffable, indéfinissable.

a-nirvinnéna, *adj.* Non sujet au découragement.

an-îsha, *adj.* Qui n'est pas Seigneur.

an-îshta, *adj.* Non désiré, indésirable.

a-nitya, *adj.* Transitoire.

anjali, *m.* Salutation faite en élevant les deux mains en forme de coupe.

anna, (anglo-indien). Seizième partie d'une roupie.

anna, *nt.* Aliment, nourriture.

annakosha, *m.* Fourreau matériel, corps physique.

annakshétra, *nt.* Lieu où l'on distribue gratuitement des repas.

annamaya-kosha, *m.* Fourreau matériel, le corps physique.

anna-prâshana, *nt.* Rituel du sevrage du jeune enfant.

Annapurnâ, *f.* L'un des noms de la parèdre de Shiva en tant que Déesse de l'Abondance.

antah-karana, *nt.* (De *karana*, organe, et *antar*). Organe interne comprenant *manas, ahamkâra, buddhi, chitta.*

antar-, *préf.* marquant l'intériorité.

antara, *adj.* Intérieur.

antar-anga, *nt.*
1. Division intérieure.
2. Partie de la *sâdhanâ* comprenant *dhâranâ, dhyâna* et *samâdhi.*

antar-âtman, *m.* L'être intérieur, l'âme.

antardhauti, *f.* Lavage hatha-yoguique, qui comprend *vâtasâra, vârisâra, vahnisâra* et *bahishkrita.*

ântarika, *adj.* Intérieur.

antarîksha, *nt.* Le monde intermédiaire entre le Ciel et la Terre.

antar-jyotish, *nt.* Lumière intérieure.

antarmukha-vritti, *f.* Tendance à l'introspection (Siv).

antar-mukhi, *adj.* Mental introverti (RMah).

antar-yâga, *m.* Culte intérieur.

antar-yâmin, *m.*
1. Régent interne.
2. Le guide intérieur (Rdas).
3. L'Esprit immanent (Siv).

anu-, *préf.* marquant la succession, la continuité.

anu, *m.* Atome. *adj.* Infinitésimal.

anu-bhâva, *m.*
1. Croyance, opinion.
2. Expérience spirituelle (AM).
3. Illumination directe (Siv).

anubhâvi-guru, *m.* Gourou qui a l'expérience personnelle (Siv).

anu-bhûti, *f.* Expérience spirituelle directe de l'Absolu (Siv).

anu-graha, *m.* Faveur, grâce du *guru* (RMah).

anu-loma, *adv.*
1. Dans le sens des poils.
2. Par raisonnement analytique allant de la cause à l'effet. Cf. *viloma, pratiloma.*

anuloma-viloma, *nt.* Mode de *prânâyâma* qui s'effectue en *padmâsana* ou en *siddhâsana*. L'inspiration se fait par une narine et l'expiration par l'autre, alternativement. On observe le *jâlandharabandha* pendant l'inspiration et la rétention, l'*uddiyâna-bandha* pendant l'expiration.

anu-mâna, *nt.* Inférence.

anu-mantâ, *m.* Celui qui approuve.

anu-râga, *m.*
1. Amour.
2. Grand attachement pour Dieu (Viv).
3. Merveilleuse dévotion (RKr).

4. Sixième stade de la *madhura-bhakti* où l'adorateur voit son *ishta-dévatâ* comme toujours nouvelle.

anyathâ-khyâti, *f.* Image mentale (RMah).

apa-, *préf.* exprimant l'idée d'écarter, d'effacer.

apabramsha, *m.* L'une des langues dérivées du sanskrit.

apâna, *m.*
1. Souffle inspiré.
2. Celui des cinq *prâna* qui régit la région abdominale inférieure.

a-pâpaviddha, *adj.* Non affecté par le péché (Aur).

a-para, *adj.* Incomplet, inférieur.

apara-bhakti, *f.* Bhakti qui ne joue qu'un rôle secondaire dans la vie de l'adorateur. Syn. : *gaunabhakti.*

a-parâ Prakriti, *f.* La Nature inférieure. La Nature phénoménale.

a-parârdha, *nt.* Moitié inférieure de l'univers de conscience (Aur).

a-parigraha, *nt.* Non-acceptation de cadeaux.

a-paroksha, *adj.* Accessible aux sens.

aparoksha-jnâna, *nt.* Connaissance directe.

a-paurushéya, *adj.* Qui n'est pas d'origine humaine.

a-prakâsha, *nt.* Absence de lumière.

aprâkrita, *adj.* Surnaturel, transcendantal, non matériel.

a-prâtikulya, *nt.* Parfaite soumission (Viv).

a-pravritti, *f.* Tendance à l'inertie (Aur).

Apsaras, *f.* Groupes de divinités féminines.

âpta, *adj.*
1. Qui a atteint.
2. Saint, parvenu au-delà du domaine des sens.

âpta-kâma, *adj.* Qui a réalisé tous ses désirs (Siv).

âpta-vâkya, *adj.* Perception directe de celui qui a perçu la Vérité (Viv).

ârâdhanâ, *f.* Véritable adoration du Divin (Aur).

arani, *f.* Morceau de bois dont le frottement fait jaillir les étincelles.

âranyaka, *m.* Texte védique apportant un enseignement donné dans la forêt.

âratî, *f.* Offrande de lumière.

ârâtrika, *adj.* Avec offrande de lumière.

arc (pose de l'). Voir *dhanurâsana*.

archâ, *f.* Vénération d'une image divine.

archaka, *adj.* Adorateur.

archimârga, *m.* La Voie des Dieux (Aur).

ardha-halâsana, *nt.* *âsana* préparatoire au *halâsana* ; le *yogin* y est étendu sur le dos, les bras allongés contre le corps, les membres inférieurs relevés verticalement.

ardha-matsyendrâsana, *nt.* *âsana* dans lequel le *yogin*, assis sur le sol, la jambe gauche complètement repliée et à plat sur le sol, la plante du pied contre la cuisse gauche, la jambe droite relevée et pliée de sorte que le pied repose à plat sur le sol, le talon derrière la cuisse gauche, tient le gros orteil gauche avec la main gauche et allonge le bras droit derrière le dos pour poser la main droite sur la face antérieure de la cuisse gauche. Ou inversement.

Ardhanârîshvara, *m.* Dieu représenté moitié homme et moitié femme.

ardha-shalabhâsana, *nt.* Exercice dans lequel le *yogin*, à plat ventre et les bras allongés le long du corps, soulève alternativement une jame et l'autre, en extension complète.

arghya, *nt.* Offrande.

ârjava, *nt.* Droiture.

Arjuna. Nom du prince à qui, dans la Bhagavad-Gîtâ, Krishna enseigne le Karma-yoga. On le tient pour un avatar du Dieu de la guerre, Indra.

artha, *m.* Recherche de la perfection dans le domaine matériel.

arthârthin, *adj.* Avide.

Artha-Shâstra, *nt.* Texte enseignant l'art de gouverner. Cf. Kautilya.

aruna, *adj.* Rouge. — *Subst. m.*
1. Aurore.
2. Le conducteur du char du Soleil.

a-rûpa, *adj.* Sans forme.

AS, *rac.* Etre. *Cf. asti.*

ÂS, *rac.* S'asseoir. *Cf. âsana.*

asad-vilakshana, *adj.* Qui concerne le Moi dans l'état de sommeil profond (RMah).

asamprajnâta-samâdhi, *m.*
1. *Samâdhi* sans conscience.
2. *Samâdhi* sans semence, *samâdhi* suprême.

âsana, *nt.*
1. Assiette corporelle, position.
2. Posture de yoga.
3. Le troisième stage (*anga*) du Râja-Yoga et du Hatha-Yoga.
4. Peau de bête ou petite carpette d'herbe sacrée (*kusha*) ou de feuilles de basilic sacré (*tulasî*) sur laquelle s'assied le *yogin*.

a-sat, *nt.*
1. Le non-être.
2. Le non existant (Rdas).
3. Irréel (Siv).

ashanâ, *f.* Faim.

ashani, *f.* La foudre.

a-shésha, *adj.*
1. Sans reste.
2. Clairvoyant (RMah).

ashman, *m.* Pierre.

âshrama, *m.* (prononciation moderne : *âshram*). Groupe de disciples autour d'un maître.

âshrama, *m.* (identique au précédent). Les quatre stades de la vie humaine.

ashta, *num.* Huit.

ashtamî, *adj.*
1. Huitième.
2. *Subst. f.* Jour consacré au culte des Mânes.

ashtânga-yoga, *m.* Yoga en 8 parties : *yama, niyama, âsana, prânâyâma, pratyâhâra dhâranâ, dhyâna, samâdhi.*

ashta-siddhi, *f.* Les huit *siddhis* acquis dans la pratique d'un yoga. Ce sont *animan, mahiman, laghiman, gariman, prâpti, prâkâmya, îshtva,* et *vashitva.*

a-shubba, *nt.* Le mal.

a-shuchi, *f.* Impureté, souillure.

ashva, *m.*
1. Cheval.
2. *Prâna* (Aur).

ashvattha, *m.* Figuier sacré dont les racines sont en haut et les branches en bas.

ashvinî-mudrâ, *f.* Exercice hatha-yoguique de contraction de l'anus ou d'ouverture et de fermeture alternée de l'anus.

a-siddha, *adj.* Non parfait.

asmitâ, *f.* Conscience de l'individualité.

asmitâ-samâdhi, *m. Samâdhi* portant sur l'esprit (Viv).

astéya, *nt.* (De *stéya,* larcin, *préf. a*).
1. Fait de ne pas voler.
2. Probité.
3. Non-convoitise.
4. L'un des *yamas*.

a-sthira, *adj.*
1. Changeant.
2. Trompeur (RMah).

asti, *m.* Le fait d'être.

âstikya, *nt.* Piété, foi.

astra, *nt.* Arme magique, divine.

asu, *m.* Force.

a-sukha, *adj.* Malheureux.

asura, *m.*
1. Etre divin.
2. Etre du plan vital s'opposant aux Dieux.
3. Démon.

âsurya, *adj.* De nature asurique.

a-sûrya, *adj.* Sans soleil.

atala, *nt.* L'un des sept enfers.

Atharva-Véda, *m.* L'un des quatre Védas.

ati-, *préf.* marquant le dépassement, l'excès.

ati-shûnya, *adj.* Au-delà du vide ; vide absolu.

âtivâhika-sharîra, *nt.* Corps subtil.

âtma-bala, *nt.* Force spirituelle.

âtma-chintana, *nt.* Contemplation de l'*âtman*.

âtma-dâna, *nt.* Don de soi.

âtma-darshana, *nt.* Vision de l'*âtman*.

âtma-dharma, *m.* Fait de rechercher l'*âtman* (RMah).

âtma-jnâna, *nt.* Connaissance de l'*âtman*.

âtma-jnânin, *m.* Celui qui a l'*âtma-jnâna*.

âtmakârâ, *f.* La nature de l'*âtman*.

âtma-lakshya, *nt.* Fait de prendre l'*âtman* pour but (RMah).

âtma-loka, *m.* Syn. de *Brahma-loka* (RMah).

âtman, *m.* (Parfois orthographié *âtmâ*).
1. Principe essentiel à partir duquel s'organise tout être vivant.
2. Être central au-dessus de la nature, calme, inaffecté, par les mouvements de la Nature, mais soutenant leur évolution tout en ne s'y mêlant pas ; l'Un qui soutient le Multiple (Aur).
3. Souffle vital. — Cf. *brahman, jîva, jîvâtman, paramâtman, prâna.*

âtmani-shtha, *adj.* Concentration sur l'*âtman*.

âtma-rati, *f.* Paix et joie inhérente à l'*âtman*.

âtma-sâkshâtkâra, *m.* Réalisation de l'aspect impersonnel du Divin (Rdas).

âtma-samstha, *adj.* Fixé dans la vision de l'*âtman*..

âtma-samyama, *m.* Samyama sur l'*âtman*.

âtma-sthiti, *f.* Fait d'être fixé dans l'*âtman*.

âtma-vichâra, *m.* Recherche de l'*âtman*, introspection.

âtura-sannyâsa, *m.* Ordination in extremis dans le *sannyâsa*.

aty-âshrama, *nt.* L'état au-delà des quatre *âshramas*.

aty-âshramin, *m.* Sannyâsin qui est passé au-delà des quatre *âshramas*.

AUM, *Cf.* **OM.**

ava-, *préf.* marquant un mouvement de haut en bas.

ava-dhâna, *nt.* Fixation de l'attention.

ava-dhûta, *adj.*
1. Libéré des attaches du monde.
2. Dattâtreya.

âvarana, *nt.*
1. Enveloppement.
2. Pouvoir d'obnubilation de Mâyâ (RMah).

avasthâ-(traya). Les (trois) états de *jâgrat*, *svapna* et *sushupti*.

avatâra, *m.* (parfois orthographié avatar) (*Rac.* TAR ; *préf.* ava-). Descente d'une Divinité du Ciel sur la Terre. Incarnation divine. Ils jouent un rôle considérable dans la mythologie et le culte. Les plus importants sont ceux de Vishnu ; leur rôle, selon Shrî Aurobindo, est de favoriser l'évolution terrestre, en particulier en ouvrant la voie à une conscience supérieure pour l'humanité. Leur nombre et leur ordre de succession sont présentés de diverses façons, parfois dans le même texte. La liste la plus courante en comprend dix : Matsya, Kûrma, Varâha, Narasimha, Vamana, Parashurâma, Râmachandra, Balarâma, Krishna et celui qui n'est pas encore venu, Kalkin. Une tendance moderniste fait entrer dans la liste des avatars de Vishnu le Bouddha Shakyamuni, Jésus-Christ et Shrî Râmakrishna. De nombreux autres Dieux ont aussi des avatars. Ainsi Arjuna, le héros de la Bhagavad-Gîtâ, est un avatar du Dieu Indra, Shankarâcharya est généralement considéré comme un avatar de Shiva, etc.

avatâra-shabda, *m.* *Avatar* sous la forme du Verbe (AM)

avidyâ, *f.*
1. Absence de *vidyâ*.
2. Force d'ignorance (Aur). Syn. d'*ajnâna*.

a-vijnâta, *f.* Ignorance.

a-vrijina, *adj.* Innocent (Viv).

avyabhichârinî-bhakti, *f.* Dévotion constante (RKr).

a-vyakta, *nt.*
1. Le Non-manifesté, le non-différencié.
2. La Nature avant la Création (Viv).

a-vyavahârya, *adj.* Incommunicable (Aur).

â-yâma, *m.* Maîtrise de soi. (cf. *prânâyâma*).

Ayur-Véda, *m.* Texte où sont exposés les principes de la médecine et de la pharmacologie traditionnelles.

âzâd (persan). Libre.

B

baddhapadmâsana, *nt.* Variante de *padmâsana* où le yogin croise les bras derrière son dos, la main gauche tenant le pied gauche et la main droite tenant le pied droit.

bahis, *adv.* A l'extérieur.

bahishkrita, *adj.* Exercice d'*antardhauti* dans lequel le yogin remplit l'abdomen d'air, qu'il y conserve une heure et demie et qu'il rejette ensuite par le bas.

bâhu, *m.* Bras.

bâhya-kumbhâka, *m.* Arrêt de la respiration produit volontairement après expiration profonde.

bala, *nt.* Force.

bâla, *adj.* Jeune.

bandha, *m.* (*Rac.* BANDH).
1. Lien, entrave, ligature.
2. Contraction musculaire locale dans le Hatha-Yoga, posture ou exercice qui ferme l'un des orifices du corps et qui empêche ainsi toute entrée ou sortie par cet orifice.

bandha-traya, *nt.* Posture qui combine le *mûla-bandha,* le *jâlandhara-bandha* et l'*uddîyâna-bandha.* Elle se combine avec divers *âsanas,* en particulier le *padmâsana* et le *siddhâsana.*

basti, *f.* Un des six procédés hathayoguiques principaux de nettoyage du corps. C'est un nettoyage du colon, qui s'effectue soit à sec *(shushka),* soit par aspiration d'eau *(jala)* par voie anale, au moyen d'exercices de *nauli,* en *utkatâsana.*

bhadra, *adj.* Bon, beau.

bhaga, *m.* Bonheur.

bhagatyâga-lakshana, *nt.* Elimination de ce qui sépare de l'*âtman* avant de méditer sur celui-ci (Siv).

bhagavad-buddhi, *f.* Conscience du Divin (AM).

Bhagavad-Gîtâ, *f.* Poème extrait du Mahâ-Bhârata où l'on entend Krishna enseigner le Karma-yoga à Arjuna.

bhâgavata-chétana, *nt.*
1. Puissance consciente de soi (RKr).
2. Syn. de *chit-shakti* (Aur).

Bhâgavata-Purâna, *nt.* Texte sacré de la dévotion krishnaïte.

bhajana, *nt.* (prononciation moderne : *bhajan*). Chant d'hymnes religieux.

bhakta, *m.*
1. Adorateur.
2. Qui pratique le *Bhakti-Yoga.*

bhakti, *f.* (*Rac.* BHAJ).
1. Partage.
2. Participation.
3. Dévotion.
4. Union avec toute existence par l'amour et la dévotion, ouverture à la vérité de Soi et du Divin (Aur).

Bhakti-Yoga, *m.* Yoga de la *bhakti* orientée vers l'*îshta-devatâ.* Comporte normalement le ritualisme, la contemplation visuelle ou mentale de l'*îshta-devatâ,* la prière, le *japa.* La Grâce divine y joue un rôle essentiel. On en distingue divers stades, notamment :

l'immersion dans le rayonnement de l'*îshta-devatâ* (par ex. Krishna), *dâsya, sakhya, vâtsalya* et *madhura*. — Cf. *aparâ-bhakti, gauna-bhakti, mûkhyâ-bhakti, râgânuga-bhakti, vaïdhî-bhakti*.

bhang (hindî). Boisson préparée avec du chanvre indien.

Bharata (IVe siècle). Auteur du Nâtya-Shâstra.

bhartâ, *m*. Celui qui soutient la Nature (Aur).

Bhartrihari (VIe siècle). Auteur de poèmes lyriques célèbres et d'un Commentaire de la Grammaire de Panini.

bhâshya, *nt*. Commentaire.

bhasman, *nt*. Cendres sacrées.

bhastrâ ou bhastrikâ, *f*. Genre de *prânâyâma* caractérisé par des expirations et inspirations rapides et violentes, comme celles d'un soufflet de forge. On en distingue quatre variétés principales :

(1°) comprend une série de *kapâlabhâti*, puis un *pûraka* aussi complet que possible (comme en *ujjâyî*, mais sans fermeture de la glotte) d'environ 8 secondes. Ensuite *kumbhâka* (comme en *ujjâyî*) et *rechaka* (comme en *ujjâyî*).

(2°) comme le précédent, mais avec légère contraction de la glotte dans la *kapâlabhâti*, et avec inspiration par la narine droite et expiration par la narine gauche pendant la deuxième partie.

(3°) comme le premier, mais dans la *kapâlabhâti* l'expiration se fait par la narine droite pour les nombres impairs, et par la narine gauche pour les nombres pairs. De même pour la deuxième partie, où l'inspiration se fait en outre par la narine opposée.

(4°) comprend d'abord une série d'inspirations et expirations rapides par narines alternées, puis une longue inspiration par la narine droite, *kumbhâka* et enfin une longue expiration par la narine gauche.

BHAV, *rac*. Autre forme de BHÛ.

bhâva, *m*.
1. Fait d'être.
2. État subjectif (Aur).
3. Sentiment (Aur).
4. Le plus haut degré de la *bhakti* (RKr, Siv).
5. Amour divin (AM).

bhâva-mukha, *nt*. Conscience relative (RKr).

bhâvana, *nt.* Contemplation (RMah).

bhâva-sagara, *m.*
1. Océan du devenir.
2. Monde du changement (AM).

bhâva-samâdhi, *m.* Le plus haut *samâdhi* auquel aboutit le *Bhakti-Yoga* (RKr).

bhâva-svarûpa, *nt.* Amour suprême (AM).

bhaya, *n.* Peur.

bhéda, *m.* Différenciation.

bhédâbheda, *m.* L'unité dans la différence (AM).

bhikshâ, *f.* Aumône recueillie par le moine mendiant (Rdas).

bhikshu, *m.* Mendiant religieux.

bhîma, *adj.* Effrayant.

bhoga, *m.*
1. Plaisir sensuel.
2. Recherche d'un plaisir dans le monde (AM).

bhoga-hétu, *m.*
1. Cause du plaisir.
2. Jouissance, félicité (RMah).

bhoga-vâsanâ, *f.* Empreinte laissée par le plaisir.

Bhoja (xe siècle). Auteur d'un commentaire des Yogasûtras de Patanjali.

bhoktaritva-vâsanâ, *f.* Empreinte laissée par le fait d'avoir été un jouisseur.

bhramara, *m.* Abeille.

bhramara-kîta-nyâya, *m.* Figure indiquant l'identité de la larve et de l'insecte développé.

bhrâmarî, *f.* Catégorie de *prânâyâma* où le yogin, en *siddhâsana,* avec *jâlandhara-bandha,* pendant l'inspiration et l'expiration, produit un son analogue au bourdonnement d'une abeille (*bhramara*).

bhrashta, *adj.*
1. Déchu.
2. Qui avait atteint la libération dans une vie antérieure (Siv).

BHRI, *rac.* Porter.

bhrû-madhya-drishti, *f.* Fixation du regard entre les sourcils.

BHÛ, *rac.* (Autre forme : BHAV). Devenir. *Cf. bhâva, bhûta.*

bhûman, *m.*
1. Le vaste (Aur).
2. La perfection, le Suprême (RMah).

bhûmânanda, *m.* La félicité dans le *bhûman.*

bhûmi, *f.* Terre.

bhûr,
1. Exclamation liturgique.
2. La terre.

bhûr-loka, *m.* Le plan physique, l'un des septs *lokas.*

bhûta, *m.*
1. Etre.
2. Décédé malfaisant, force ignorante et obscure (Aur).
3. *nt.* Syn. de *mahâ-bhûta.*

bhûtâkasha, *m.* Espace où se manifestent les *bhûtas.*

bhûtâni, pluriel de *bhûta.*

bhuva.
1. Exclamation liturgique.
2. Espace entre le Ciel et la Terre.

bhû-vaïkuntha, *m.* Reflet sur la terre du Paradis de Vishnou.

bhûvar-loka, *m.*
1. L'un des sept mondes.
2. Le monde du libre devenir vital dans la forme (Aur).

bîja, *nt.*
1. Semence végétale, graine, germe.
2. Cause première, principe.

bîja-mantra, *nt.* Monosyllabe pouvant être utilisée, soit isolément, soit avec d'autres éléments, comme support de méditation. — Cf. OM, HRÎM, HUM, KLÎM.

bila, *nt.*
1. Ouverture.
2. Caverne.

bindu, *m.*
1. Point, petite tache, goutte.
2. En écriture *nâgarî,* marque la nasalisation de la voyelle au-dessus de laquelle il est placé.
3. Quintessence, perfection ultime.
4. L'absolu.
5. Élément subtil du mantra.
6. La lumière intérieure (RMah).

bodha, *m.* Intelligence suprême.

bodha-svarûpa, *nt.* Identification avec l'intelligence suprême.

Brahmâ, *m.*
1. Manifestation personnelle de Brahman.
2. Le visage du Dieu personnel unique dans son action de créateur, l'une des trois personnes de la trimûrti.

brahma-bhâva, *nt.*
1. Le fait d'être Brahman.
2. Désir intense de fusion en Brahman.

brahma-bhâvana, *nt.* Réalisation de « tout est Brahman ».

brahma-chârin, *m.*
1. Celui qui est dans le premier des quatre *âshramas*.
2. Novice dans un ordre monastique.
3. Celui qui vit en Brahman.
4. Qui observe le vœu de continence.

brahma-chârya, *nt.*
1. Le premier des quatre *âshramas*.
2. Le fait de vivre en Brahman.
3. Chasteté absolue.

brahma-granthi, *m.*
1. Nœud de Brahmâ.
2. Syn. de *mûlâdhârachakra*.

brahma-hatyâ, *f.* Meurtre d'un brahmane.

brahma-jnâna, *nt.* Connaissance du Brahman.

brahma-jnânin, *m.* Celui qui a obtenu *brahma-jnâna*.

brahma-loka, *m.* Le monde de Brahman, l'un des 7 *lokas*.

brahma-muhûrta, *nt.* L'heure la plus favorable à la méditation (entre 4 et 6 heures du matin) (Rdas, Siv).

brahman, *nt.*
1. Les textes védiques.
2. Puissance mystérieuse grâce à laquelle les rites sont efficaces.
3. Le Sacré.
4. L'Absolu.
5. La seule Réalité, dont la manifestation (Mâyâ) n'est qu'une illusion.
6. La Conscience qui se connaît en tout ce qui existe, l'existence supracosmique qui sous-tend le cosmos, le Moi cosmique (Aur). — Cf. *Brahmâ, nirguna-brahman, pralaya, saguna-brahman, srishti.*

Brâhmana, *nt.* Classe de textes védiques concernant le rituel du sacrifice.

brahma-nâdî, *f. Syn.* de *sushumnâ* (Viv, Aur).

brahmânanda, *nt.* Béatitude consistant en la fusion en Brahman (AM).

brahmânda, *nt.*
1. Œuf de Brahmâ.
2. Le cosmos.

brahmânda-prâna, *m.* *Prâna* cosmique, collectif.

brahmane, *m.* Individu appartenant à la caste la plus élevée.

brahma-nirvâna, *nt.* Béatitude résultant de la fusion en Brahman (AM).

brahma-randhra, *nt.* Ouverture de la boîte crânienne donnant accès au Brahman ; sinciput.

brahmarshi, *m.* *Rishi* ayant atteint le *brahmaloka*.

brahma-sakshâtkâra, *m.* Réalisation du Brahman (RMah).

brahma-samstha, *adj.* Établi dans la conscience du Brahman (Siv).

brahma-stithi, *f.* Fixation dans la conscience du Brahman.

Brahma-Sûtra, *nt.* Texte de base du Védânta.

brahma-téjas, *nt.*
1. La lumière du Brahman.
2. Force que donne la connaissance du Brahman.

brahma-varchasa, *nt.* Rayonnement divin.

brahmâ-varta, *m.* Nom donné à l'Inde comme Terre Sainte.

brahma-vastu, *m.* La vérité de Brahman (Siv).

brahma-vid, *adj.* Qui connaît le Brahman.

brahma-vidyâ, *f.* Connaissance de Brahman.

brahma-yajna, *m.* Adoration du Brahman.

brahma-yoni, *m.* Le Brahman en tant que matrice cosmique.

brahmî-sthiti, *f.* État de stabilité en Brahman (Aur).

brihat, *nt.* Le vaste, l'immense (Aur).

buddhéndriya, *nt.* Organe récepteur. Ce sont *shrotra, tvach, chakshus, ghrâna, rasanâ.*

buddhi, *f.* (*Rac.* BUDH).

1. Faculté d'éveil spirituel.
2. Intelligence supérieure.
3. Forme de l'individualité grâce à laquelle le moi peut connaître l'*âtman-brahman*.
4. L'un des 24 *tattvas*.

BUDH, *rac.* S'éveiller. Cf. *buddhi*.

C

cadavre (posture du) : voir *shavâsana*.

chaddhar (hindî). Pièce d'étoffe sans couture portée sur les épaules.

Chaïtanya (xvᵉ siècle). Mystique bengali, fondateur d'un Ordre religieux krishnaïte.

chaïtanya, *nt.* La conscience pure.

chaïtanya-purusha, *m.*
1. *Purusha* correspondant à l'état de Conscience pure.
2. Source et Seigneur de l'univers (Siv, Aur).

chaïtya-purusha, *m.* Etre psychique (Aur).

chakra, *m.*
1. Roue de char, cercle.
2. Arme de Krishna en forme de disque.
3. Centre d'énergie spirituelle dans le corps subtil (*sûkshma-sharîra*) en correspondance avec certaines fonctions physiques, mentales, vitales ou spirituelles. On en énumère généralement sept qui s'échelonnent depuis la base de la moelle épinière jusqu'au sommet du crâne : *mûlâdhâra, svâdhishthâna, manipûra, anâhata, vishuddha, âjnâ* et *sahasrâra*.

chakrâsana, *nt.* Exercice dans lequel le yogin, debout, se penche en avant et touche ses pieds avec ses mains.

chakshus, *m.*
1. L'œil.
2. La vision.

chamar (hindî). Caste des travailleurs du cuir.

chamatkâra, *adj.* Merveilleux, supranormal.

chanchala, *adj.*
1. Mobile, instable.
2. Trompeur.

chanda, *adj.* Violent.

chandâla, *m.*
1. Méchant, vaurien.
2. Hindou qui ne fait pas partie de l'une des quatre castes, paria.

chandana, *nt.* Pâte de santal.

chandra, *adj.* Brillant. — *Subst. m.* Le Dieu-lune.

chandra-loka, *m.* Le monde de la lune.

chandramas, *m.*
1. La lune
2. Le Dieu lune.

CHAR, *rac.* Agir. *Cf. chara, âchâra, âchârya.*

chara, *adj.* Mobile.

charâchara, *nt.* Tout ce qui est mobile ou immobile.

Charaka, (11ᵉ siècle). Auteur d'un ouvrage de médecine traditionnelle.

charana, *nt.* Pied.

charkha, (hindî). Rouet.

charman, *nt.* Cuir.

charrue (posture de la) : *cf halâsana.*

chârvâka, *m.* Membre d'une école athéiste.

châtaka, *m.* Oiseau mythique réputé se nourrir de gouttes de pluie.

chatur, *numéral.* Quatre.

chaturtha, *adj.* Quatrième. — *Subst. nt.*
1. Le quatrième état de conscience.
2. Conscience de l'*âtman* à l'état pur (Aur).

chatur-varna, *m.* Les quatre castes.

châyâ, *f.* Ombre.

chélâ (hindî). Disciple.

chelam, *cf. shilom.*

chétanâ, *f.* Synonyme de *chit.*

chétanâ-samâdhi, *m.* Forme de samâdhi où la conscience joue encore un certain rôle.

chid-âkâsha, *nt.*
1. Ciel de la pure conscience (RKr).
2. Substance subtile du mental (Siv).
3. Espace mental (Viv).

chid-âtman, *m.* Conscience suprême (RMah).

chin-mâtrâ, *f.* Etat de pure conscience (Siv).

chin-maya, *adj.*
1. Esprit pur (RKr).
2. Corps transcendantal (Aur).

chinmayin, *adj.* Qui est dans la conscience de *chinmaya* (AM).

chin-mudrâ, *f.* Dans certains *âsana* position des mains dans laquelle chaque main repose sur le genou correspondant, la paume en l'air, le bout de l'index appuyé sur le milieu du pouce.

chintâmani, *nt.* Joyau céleste qui exauce les désirs de son propriétaire.

chintana, *nt.* Pensée, préoccupation (Siv).

chit, *f.*
1. La conscience définie comme la faculté de percevoir le réel, de l'interpréter et de porter sur lui un jugement de valeur.
2. La conscience à l'état pur (RMah).
3. Le principe de la conscience absolue (Aur).
4. La lumière incolore de la conscience pure qui est derrière tous les phénomènes (AM). — Cf. *chitta, Sachchidânanda.*

CHIT, *rac.* Percevoir, penser. *Cf. chit, chitta, chétanâ.*

chitra, *adj.* Multicolore.

chit-shakti, *f.*
1. Puissance consciente de soi (RKr).
2. Conscience-force (Aur).
3. Syn. de *Bhâgavata-chétana* (Aur).

chitta, *nt.* (Rac. CHIT).
1. L'esprit humain en tant qu'il est fait de mémoire, d'émotions et de constructions rationnelles.
2. Le contenu mental, réserve sur laquelle reposent tous les souvenirs passés réduits à la forme de *samskâras* — Cf. *vritti, nirodha.*

chit-tapas, *nt.* Energie pure de la conscience (Aur).

chitta-prasâda, *m.* Sérénité du mental (Siv).

chitta-samvid, *f.* Connaissance de l'*âtman* (RMah).

chitta-shuddhi, *f.* Etat de pureté du mental.

chittâtman, *m.* Conscience suprême (RMah)

chitta-vritti, *f.*
1. Mouvements de la conscience.
2. Vagues dans le mental.

crore, (anglo-indien). Dix millions.

D

DÂ, *rac.* Donner.

daharâkâsha, *nt.* L'éther le plus subtil, situé dans le cœur.

Daïtya, *m.* Être démoniaque.

daïva, *adj.* Divin. Ce qui est spécifique de la puissance des *dévas*. — *Subst. m.*
1. Faculté qu'ont les *dévas* d'intervenir dans les affaires humaines.
2. Sort, bonne ou mauvaise fortune.
3. Le destin.

daïvî, *adj.* Divine.

dakshina, *adj.*
1. Droit (par opposition à gauche).
2. Méridional.

dakshinâ, *f.* Offrande rituelle.

dakshina-nauli, *f.* Dans la *nauli,* pose où la moitié droite du muscle grand droit de l'abdomen fait saillie sur toute sa longueur sur la partie droite de l'abdomen.

dama, *m.* Maîtrise de soi.

dambha, *m.* Hypocrisie (Siv).

dâna, *nt.* Don.

Dânava, *m.* Être démoniaque.

danda, *m.*
1. Bâton.
2. Coercition.

dandadhauti, *f.* Méthode de *hriddhauti* dans laquelle on provoque l'expectoration où le vomissement en enfonçant une baguette dans la gorge.

dandavat, *nt.* Type de prosternation (Rdas).

danta, *m.* Dent.

dantadhauti, *f.* Partie de *dhauti* qui comprend le nettoyage des gencives et de la langue, des oreilles et de l'« intérieur du crâne » (*kapâlarandhra*).

daridra, *adj.* Pauvre.

darpana, *nt.* Miroir.

DARSH, (autre forme : DRISH) *rac.* Regarder. *Cf. darshana, drik, drishti.*

darshana, *nt.* (Rac. DRISH).
1. Indication, fait de désigner quelque chose, d'attirer l'attention sur elle, point de vue.
2. Nom donné aux diverses écoles classiques de la philosophie hindoue (Védânta, Mîmâsâ, etc.).
3. Orthographié *darshan* « Faveur d'avoir une " vision " d'un Dieu, de " voir " un lieu sacré, l'image d'un Dieu dans un temple, un objet sacré, un saint ou un sage et d'en recevoir le rayonnement » (Rdas).

dâruna, *adj.* Sévère, violent.

dâsa, *m.* Serviteur.

dasha, *num.* Dix.

dâsî, *f.* Féminin de *dâsa*.

dâsya, *nt.*
1. Esclavage, servitude.
2. Dans la *bhakti*, attitude de l'adorateur qui se considère comme le *dâsa* de l'*îshta-devatâ*.

Dattâtreya. Nom d'un rishi considéré comme un grand yogin.

dayâ, *f.* Charité.

déha, *nt.*
1. Corps.
2. Espace (RKr).

dehâdhyâsa, *nt.* Attachement au corps physique (Siv).

déhâtma-buddhi, *f.*, déha-vâsanâ, *f.* Assimilation au corps physique (RMah).

déhin, *m.* Ame consciente incarnée (Aur).

désha-kâla-nimitta, *nt.* Espace, temps et causalité.

déva, *m.* (Rac. DIV).
1. Être de lumière, être céleste.
2. L'un quelconque des Dieux.

3. Titre honorifique marquant l'excellence. — Cf. *asura*.

dévachana (bengali), *subst.* La demeure des Dieux (RKr).

dévâh pitarah, *m. plur.* Ancêtres divins.

dévanâgarî, *f.* Type d'écriture servant à noter le sanskrit et les langues indo-âryennes modernes.

dévarshi, *m.* *Rishi* de race divine (Aur).

déva-shakti, *f.* Énergie divine.

dévatâ, *f.*
1. Toute manifestation de puissance ayant un caractère divin.
2. Divinité.
3. Synonyme de *indriya*. — Cf. *îshta-devatâ, nyâsa*.

dévâtma-shakti, *f.* Puissance de soi du Divin (Aur).

dévavâni, *f.* Voix divine (Viv).

dévayâna, *nt.* Voie des Dieux.

dévî, *f.*
1. Déesse.
2. La parèdre d'un Dieu.
3. Le Divin sous une forme féminine.
4. Synonyme de Mahâdevî. — Cf. Shakti.

Dévî-Mâhâtmya, *nt.* Poème célébrant les exploits de la Déesse Durgâ.

DHÂ (autre forme : DHI), *rac.* Poser. *Cf. dhâman, Samâdhi.*

dhaïrya, *nt.* Fermeté mentale.

dhaïrya-rétas, *nt.* Qui est revenu à la chasteté absolue (RKr).

dhâman, *nt.*
1. Statut cosmique des Dieux.
2. État au-delà de la Conscience cosmique (RMah).
3. Les quatre grands lieux de pèlerinage (RKr).

dhana, *nt.* Propriété.

dhanurâsana, *nt.* Pose de l'arc, *âsana* dans lequel le yogin repose sur l'abdomen, en relevant la tête, le torse et les jambes, les mains tenant les chevilles : au début, les genoux peuvent être écartés, mais le yogin avancé les garde joints. Cette position se conserve de 5 secondes à 3 minutes, pendant lesquelles la respiration doit rester normale. On peut aussi, dans cette position, imprimer au corps un mouvement de balancement, d'avant en arrière.

dhanus, *nt.* Arc.

DHAR, *cf.* DHRI.

dhârâ, *f.* Flot.

dhâranâ, *f.*
1. Concentration sur un point.
2. Le cinquième *anga* du Râja-Yoga et du Hatha-Yoga.

Dharma, *m.* Personnification de la Loi (cf. ci-dessous).
1. Dieu présidant au *dharma*.
2. Le Lokapâla présidant à l'un des points cardinaux.

dharma, *m.* (Rac. DHRI). Ordre universel cosmique ; loi éternelle ; morale ; devoir ; vertu ; droiture. Avec *artha*, *kâma* et *moksha* l'un des quatre grands objets des aspirations humaines. Parfois employé pour *svadharma*. — Cf. *dharmashâstra*.

dharma-kshétra, *nt.* Le champ du *dharma*.

dharmashâstra, *nt.* Ouvrage, traité (*shâstra*) dans lequel sont présentées la Loi cosmique (*dharma*) et ses applications particulières. — Cf. Mânava-Dharmashâstra.

dharmashâla, (hindî). Auberge gratuite pour pèlerins.

dhauti, *f.* (Rac. DHAV). L'une des six méthodes hatha-yoguiques de nettoyage du corps, comprenant *antardhauti*, *dantadhauti*, *hriddhauti*, *dandahauti* et *mûladhauti*. Acte par lequel le hatha-yogin nettoie son estomac et son œsophage à l'aide d'un morceau d'étoffe qu'il a appris à avaler puis à retirer. — Cf. *kriyâ*.

dhîra, *adj.* Qui ne vacille pas.

dhotî (hindî). Pièce d'étoffe qui forme la partie inférieure du vêtement.

DHRI (autre forme : DHAR), *rac.* Porter, supporter. *Cf. dhriti*, *dharma*.

dhrida-sushupti, *f.* Sommeil profond.

dhrishti, *f.* Courage.

dhriti, *f.* Patience.

dhruva, *adj.* Permanent.

dhruva-loka, *m.* Le monde stable (Aur).

dhûma, *m.* Fumée.

dhûma-mârga, *m.* La voie des ancêtres (Aur).

dhvaja, *m.* Etendard.

dhyâna, *nt.*
1. Méditation profonde.
2. Le septième *anga* du Râja-Yoga et du Hatha-Yoga.
3. Flux ininterrompu de conscience sur un objet particulier (Aur).

dhyéya, *nt.* Objet de méditation.

dîkshâ, *f.* Initiation.

dîpa, *m.* Lampe.

dîrgha, *adj.* Long.

dîrgha-pranava, *m.* OM prononcé longuement.

DISH (autre forme DÉSH), *rac.* Montrer.

DIV (autre forme : DÉV), *rac.* Briller. Cf. *divya, déva.*

dîvalî (hindî). Fête des Lumières célébrée en automne.

divya, *adj.* Céleste, divin.

divya-chakshus, *nt.*
1. Œil divin.
2. Vision spirituelle (RKr).

divya-jyotish, *nt.*
1. Lumière divine.
2. Lumière surnaturelle perçue pendant la méditation (Siv).

dosha, *nt.* Imperfection, défaut.

drashtâ, *m.* Voyant, visionnaire.

dridha, *adj.* Stable.

drik, *m.* Celui qui voit.

DRISH, *rac.* Autre forme de DARSH.

drishti, *f.* Vision, fait de voir.

drishya, *nt.* Objet de la vision.

drishya-vilâya, *nt.* Disparition du monde objectif (RMah).

duh- *préf.* signifiant mal, mauvais.

duhkha, *nt.* Souffrance.

duhkha-nâsa, *nt.* (ou : **duhkha-nivritti**, *f.*) Disparition de la souffrance.

duhkha-vâda, *m.*
1. Système philosophique basé sur le concept de souffrance.
2. Yoga procédant par la souffrance (Aur).

dur-. Autre forme de duh-.

dûra, *adj.* Lointain.

Durgâ, *f.* L'un des noms de la Déesse.

dus-. Autre forme de duh-.

dûta, *m.* Messager.

dva, *num.* Deux.

dvaïta, *nt.* Dualisme, dualité.

dvaïtâdvaïta, *nt.* Combinaison du dualisme et du non-dualisme.

dvaïta-vâda, *m.*
1. Système philosophique dualiste.
2. Yoga procédant par le dualisme.

dvaïta-védânta, *m.* Védânta dualiste.

dvandva, *nt.* Paire d'opposés, polarité.

dvandvâtîta, *m.* Qui est allé au-delà des dualités.

dvâpara (-yuga), *nt.* Le troisième *yuga.*

dvésha, *m.* Aversion, répulsion.

dvidala-chakra, *m.* Syn. d'*âjnâ-chakra.*

dvija, *m.* (De *dvi,* deux fois, et *ja,* né). Hindou appartenant à l'une des trois castes supérieures et ayant reçu le sacrement de l'*upanayana.*

dvîpa, *m.* Continent.

dvitîya, *adj.* Deuxième

E

éka, *num.* Un.

éka-bhakti, *f. Bhakti* pleinement concentrée (RMah).

éka-dâshî, *f.* Onzième jour après la pleine lune ou la nouvelle lune.

ékâgratâ, *f.* (De *éka* et *agra*, pointe, extrémité)
1. Fait de rassembler son attention sur un seul point, la quatrième des cinq *yoga-bhûmikâs*.
2. Étape (*anga*) préliminaire à la méditation profonde.

ékâkshara, *nt.* (De *eka* et *akshara*). Le mantra OM qui consiste en une seule lettre, la diphtongue O surmontée du *bindu* de nasalisation.

éka-lakshya, *nt.* Concentration sur un seul but (AM).

« **ékam évam advitîyam** ». Expression sanskrite exprimant l'unicité des choses.

évam, *adv.* Ainsi.

G

gadâ, *f.* Masse d'armes.

gadi (hindî). Siège.

gaja, *m.* Éléphant.

GAM, *rac.* Aller

gana, *m.* Membre d'une troupe divine relevant d'un Dieu majeur.

Ganapati, *m.* Fils de Shiva ; Dieu qui écarte les obstacles sur le chemin du progrès spirituel. Cf Ganésha.

gandha, *m.* Parfum, odeur.

Gandharvas, *m. plur.* Groupes de divinités.

Ganésha, *m.* Fils de Shiva et Pârvatî, Dieu représenté avec un corps humain et une tête d'éléphant.

Gangâ, *f.* Le Gange.

ganja (hindî). Cannabis indica.

garbha, *m.* Embryon.

garbhâdhéna, *nt.* Sacrement pour sanctifier la conception.

gârhastya, *nt.* État de l'homme marié, le deuxième des quatre *âshramas* (cf. *grihastha*).

gariman, *nt. Siddhi* obtenu par la pratique du yoga et permettant de se rendre aussi lourd que le fer.

gati, *f.*
1. Voie, chemin.
2. Mouvement (AM).

Gaudapâda (VIIe siècle). L'un des plus anciens docteurs du Védânta.

gauna, *adj.*
1. Relatif aux *gunas*.
2. Secondaire.

gauna-bhakti, *f.*
1. *Bhakti* qui ne joue qu'un rôle secondaire dans la vie de l'adorateur.

2. Stade préparatoire de la *bhakti* (Viv). Syn. *aparâ-bhakti*.

Gaupapâda (VIe siècle ?) Un des fondateurs de l'*advaïta-védânta*.

gâyatrî, *f.*
1. Déesse du chant.
2. Le *mantra* le plus sacré du Rig-Véda (III, 62, 10).

gérrua (hindî). Étoffe ocre dont sont faits les vêtements des *sannyâsins*.

ghât (hindî). Escalier, plus particulièrement escalier descendant dans un étang ou un cours d'eau.

Ghéranda-Samhitâ (Xe siècle). Traité de Hatha-yoga.

ghî (hindî). Beurre clarifié. cf. *ghrita*.

ghora, *adj.* Terrible, terrifiant.

Ghorâksha (ou: Ghorâknâth ; dates inconnues). L'un des maîtres du yoga tantrique.

ghrâna, *nt.* Nez.

ghrina, *nt.* Aversion, répulsion (Siv).

ghrita, *nt.* Beurre liquide utilisé comme offrande rituelle. cf. *ghî*.

GÎ, *rac.* Chanter.

giri, *m.* Montagne.

gîtâ, *f.*
1. Chant.
2. La Bhagavad-Gîtâ.

Gîta-Govinda, *nt.* Poème célébrant les amours mystiques de Krishna et Râdhâ.

go, *f.*
1. Vache.
2. Rayon de lumière.

gopâla, *m.*
1. Bouvier.
2. Un des noms de Krishna.

gopî, *f.*
1. Bouvière.
2. Compagne de Krishna adolescent donnée comme modèle parfait de la pratique du Bhakti-Yoga.
3. Toute adoratrice de Krishna. — Cf. *râsalîlâ*.

gopura, *nt.* Tour à l'entrée des temples dans l'Inde du Sud.

Goraksha (ou : Goraknâth). L'un des grands maîtres du Hatha-Yoga.

gotra, *nt.* Lignée, tribu, dynastie brahmanique.

gourou. — Cf. *guru*.

grahana-samâpatti, *f.* Concentration sur l'opération de la connaissance, sur les *indriyas* ; cognition de l'instrument de connaissance.

grahîtri-samâpatti, *f.* Concentration sur le sujet de la cognition ; synonyme d'*asmitâ-samâdhi*.

grâhya-samâpatti, *f.* Concentration sur l'objet de la connaissance : comprend les catégories *savitarka, nirvitarka, savichâra*, et *nirvichâra*.

grama, *nt.* Village.

grantha, *m.*, **granthi**, *m.* Nœud.

griha, *nt.* Maison.

grihastha, *m.* « Qui reste à la maison », chef de famille.

guhya, *nt.*
1. Secret.
2. Organes de l'excrétion (RKr).

Guhyaka, *m.* Groupe de démons.

guna, *m.* Qualité. Dans le Sâmkhya et le Yoga : mode d'existence de la nature (cf. *sattva, rajas, tamas*).

gunâtîta, *adj.* Qui est allé au-delà des trois *guna,* c'est-à-dire dans l'Absolu.

guru, *m.* (Parfois orthographié *gourou.*) Maître spirituel.

guru-déva. Titre honorifique donné à un Maître spirituel.

guru-pûjâ, *f. Pûjâ* dédiée au *guru.*

guru-sévâ, *f.* Le service du *guru.*

guru-vâda, *m.* Yoga consistant essentiellement dans le culte du *guru.*

H

hala, *nt.* Soc de charrue.

halâhala, *nt.* Poison vomi par le serpent Shésha lors du barattement de l'océan de lait.

halâsana, *nt.* Pose de la charrue, *âsana* dans lequel le yogin repose sur la tête, la nuque, les épaules, les bras et la pointe des pieds, la partie supérieure du tronc restant verticale et les jambes raides et allongées, les bras enroulés autour de la tête.

hamsa, *m.*
1. Oie sauvage.
2. L'*âtman* en tant qu'entité migrante.
3. « Symbole de l'être qui, à mesure qu'il s'élève, retrouve sa pureté originelle jusqu'à devenir lumineux dans la Vérité suprême » (Aur.) : cf. *parama-hamsa.*
4. *Mantra* composé de HAM (aspiration) et SA (expiration). — Cf. *so'ham.*

Hanuman, *m.* Dieu fils de Vâyu représenté avec un corps de singe. Compagnon fidèle de Râma.

Hari, *m.* L'un des noms de Vishnu.

hari, *adj.*
1. Orange, couleur du soleil.
2. *Subst. m.* Un des noms de Vishnu.

harijan (hindî). Litt. *ils de Dieu,* nom donné par Gandhi aux hors-castes.

harikathâ, *f.*
1. Légendes concernant Vishnu.

2. Récit hagiographique ou discussion religieuse avec accompagnement musical (Rdas).

Hari-Vamsha, *nt.* Poème célébrant les exploits de Vishnu.

harsha, *nt.*
1. Horripilation.
2. Désir ardent.

hasta, *m.* Main.

hastin, *m.* Éléphant.

hatha, *m.* Violence, agressivité.

hathât siddha, *m. Siddha* parvenu à la perfection par la seule grâce d'un saint (RKr).

Hathayoga-Pradîpikâ, *f.* Traité célèbre de Hatha-yoga.

havishyâna, *nt.* Riz cuit dans du *ghî*.

hétu, *m.* Cause.

hima, *m.* Neige.

himsâ, *f.*
1. Violence faite à autrui.
2. Meurtre (Viv)

hindî, *f.* (mais souvent utilisé en français au *m.*) Langue dérivée du sanskrit parlée dans la vallée du Gange.

hindustanî, *f.* ou *m.* Nom donné par les Anglais (et aujourd'hui abandonné) à l'*urdu* et l'*hindî*.

hiranmaya, *adj.* Doré. — *Subst. nt.* Le bouclier du Supramental (Aur)

Hiranya, *nt.* Or

Hiranyagarbha, *m.* Germe (ou : embryon, œuf) d'or, à partir duquel l'univers s'est développé.

Hitopadésha, *nt.* Recueil de contes et de fables.

holî (hindî). Festival en l'honneur de Krishna, célébré au printemps.

homa, *m.* Oblation dans le feu.

hrada, *m.* Lac.

hrî, *f.*
1. Modestie, pudeur.
2. *Shakti* de Vishnou.

hridaya, *nt.* Cœur.

hridaya-chakra. Synonyme de *anâhata-chakra*.

hridaya-granthi, *m.* Syn. d'*anâhata-chakra*.

hriddhauti, *f.* partie de *dhauti* qui consiste dans l'expulsion de flegme et de bile. Peut se faire en enfonçant dans la gorge (ou en avalant) une baguette ou un morceau d'étoffe, ou par vomissement.

hrid-padma, *nt.* Syn. d' *anâhata-chakra.*

HRÎM. *Mantra* monosyllabique utilisé dans le rituel tantrique.

hrit-pundarika, *nt.* Syn. d'*anâhata-chakra.*

HUM, *Mantra* monosyllabique utilisé par les Tantriques et les Bouddhistes.

I

icchâ, *f.*
1. Désir.
2. Satisfaction sans attachement des besoins physiques (RMah).

idâ, *f. Nâdi* à gauche de la *sushumnâ.*

Indra, *m.*
1. Roi des Dieux.
2. Représente la puissance mentale (Aur).

Indra-loka, *m.* Le paradis d'Indra.

indriya, *nt.*
1. Force grâce à laquelle Indra régit l'univers.
2. Puissance de perception ou d'action.
3. Organe sensoriel interne. Cf. *dévatâ, buddhéndriya, jnânéndriya, karméndriya.*

ISH, *rac.* Désirer, choisir.

ÎSH, *rac.* Régner.

îsha, *m.* Le Seigneur.

îshatva, *nt.*
1. Fait d'être le Seigneur-Dieu.
2. *Siddhi* obtenu par le yoga et permettant de créer.

ishta, *adj.* Choisi.

ishta-devatâ, *f.* Divinité (*devatâ*) choisie (*îshta*) à titre principal par un individu pour son adoration et son culte.

ishta-nishthâ, *f.* Idéal choisi.

îshvara, *m.* (*Rac.* ÎSH)
1. Le Dieu personnel unique.
2. « Le Purusha suprême... l'aspect dyna-

mique du Brahman... Dieu en tant que Seigneur de la Nature » (Aur.) « L'*âtman* cosmique » (RMah).
3. N'importe quel Dieu.

îshvarakoti, *m.* Être libéré qui décide de se réincarner (RKr).

îshvara-pranidhâna, *nt.* L'un des cinq *niyamas*.

îshvara-pûjâna, *nt.* Synonyme de *îshvara-pranidhâna*.

Ishvarî, *f.*
1. Seigneur au Féminin, Déesse.
2. La Shakti d'Ishvara.

iti, *adv.* C'est celà.

J

jada, *adj.* Inerte, inanimé, à l'état de cadavre.

jada-samâdhi, *m.* L'un des *samâdhis*.

jagan-mithya, *adv.* Mensongèrement.

Jagannâth, *m.*
1. Le maître du monde.
2. Le Dieu adoré dans le grand temple de Puri.

jagat, *nt.* (*Part. prés.* de JAG).
1. Le monde.
2. L'univers manifesté, le macrocosme. La Nature par opposition à *jîva* et Ishvara.

jâgrat, *nt.* État de veille.

jâgrat-sushupti, *f.* Sommeil éveillé (RMah).

jala, *nt.* Eau.

jâlandhara-bandha, *m.* Exercice de pression du menton, soit dans le creux de la gorge, soit environ 8 cm plus bas, sur la poitrine. Se pratique de préférence en *padmâsana* ou en *siddhâsana*.

jala, *nt.* Eau.

jâla, *nt.* Filet.

jambu, *f.* Continent.

JAN, (autres formes : JA ou JÂ), *rac.* Engendrer. *Cf. janah, janma, jâti.*

janâh, *m. pl.* Les gens. Synonyme de *jana-loka*.

jana-loka, *m.*
1. Le monde des humains, l'un des sept mondes.
2. Le monde de la jouissance créatrice (Aur).

janma, *nt.*
1. Naissance.
2. Nouvelle naissance (RMah).

janmâshtamî, *f.* Jour de la naissance de Krishna.

JAP, *rac.* Répéter. *Cf. japa, japâtîta.*

japa, *m.* (*Rac.* JAP).
1. Murmure, marmonnement.
2. Récitation d'une litanie.

japa-dhyâna, *nt.* Méditation accompagnée de *japa*.

japa-mâlâ, *f.* Chapelet utilisé pour le *japa*.

japâtîta, *adj.* Qui a dépassé le stade où l'on utilise le *japa*.

Japa-yoga, *m.* Répétition autant de fois que possible, à haute voix, à voix basse ou mentalement, d'un nom sacré, d'une très brève prière ou d'un *mantra* donné par le *guru*, avec ou sans l'aide d'un chapelet, en concentrant la pensée sur le sens spirituel profond de la formule utilisée.

jatâ, *f.* Chignon feutré de Shiva et des ascètes shivaïtes.

jâtanâ-déha, *nt.* Corps de douleur.

jâti, *f.* (*Rac.* JAN).
1. Naissance.
2. Caste ou sous-caste.
3. Nature ou espèce des aliments (Viv).

jâti-dosha, *nt.* Ce qui rend un aliment impur (Viv).

jaya, *m.* (*jaï* ou *jay* en *hindî*). Victoire.

Jayadéva (XIIe siècle) Auteur du Gîta-Govinda.

jihvâ, *f.* Langue.

jihvâ-bandha, *m.* Exercice dans lequel le hatha-yogin appuie toute la face supérieure de la langue contre le voile du palais. Se pratique quelquefois la bouche ouverte, auquel cas il peut être nécessaire de couper le filet de la langue.

JÎV, *rac.* Vivre. *Cf. jîva, jîvâtman.*

jîva, *m.* (*Rac.* JÎV).
1. Être vivant. Principe vital.
2. Manifestation existentielle éternelle évolutive de l'*âtman* essentiel immuable. Ame incarnée soumise à toutes les conditions de la vie et notamment à la loi du *karma*.

3. Parfois synonyme de *jîvâtman*.

jîvakoti, *m.* Être libéré qui ne choisit pas de se réincarner (RKr).

jîvanmukta, *m.* Libéré vivant.

jîvâtman, *m.*
1. Ame individuelle.
2. Ame humaine incarnée (AM).
3. Ame-étincelle et être psychique (Aur).

JNÂ, *rac.* Connaître. Cf. *jnâna, jnânèndriya*.

jnâna, *nt.* Connaissance de la vérité.

jnâna-kânda, *nt.* Chapitre traitant de la Connaissance.

jnâna-mudrâ, *f.* Position des mains dans laquelle l'index se replie pour que son extrémité rencontre celle du pouce, tandis que les autres doigts restent étendus.

jnâna-vichâra, *m.*
1. Exercice de la connaissance.
2. Discrimination entre la vérité et les apparences (RKr).

Jnâna-Yoga, *m.* Yoga dans lequel la raison joue le rôle prépondérant.

jnânèndriya, *nt.* Syn. de *buddhéndriya*. Les cinq organes sensoriels : oreille, peau, œil, langue, nez.

jnânin, *m.*
1. Qui est parvenu à la connaissance de la vérité.
2. Qui pratique le Jnâna-Yoga.

jnâta, *m.* Le connaissant.

jugupsâ, *f.* Manque d'harmonie avec l'environnement (Aur).

jyotish, *nt.*
1. Lumière.
2. Rayonnement divin (Siv).

K

kacha, *m.* Cheveu, poil.

kachchhâ (bengalî). Non-mûr (RKr).

kaïvalya, *nt.* (De *kevala*, solitaire).
1. Solitude du Purusha (Sâmkhya).

2. Aboutissement de l'évolution, libération (Yoga). *Adj.* Solitaire.

kâkini-mudrâ, *f.* Exercice respiratoire dans lequel les lèvres sont placées de façon à ressembler au bec d'un corbeau et l'air est aspiré doucement. Employé pour le *bahishkrita*.

kâla, *m.* Le Temps, puissance souveraine, parfois assimilé au Destin, à Shiva, etc. *adj.* Bleu-noir.

kâla-chakra, *nt. Chakra* secondaire situé entre l'*âjnâ-chakra* et le *vishuddha-chakra*.

Kâlîdâsa (IVᵉ siècle). Le plus grand poète classique de la littérature indienne.

kali-yuga, *nt.* Le quatrième *yuga*, l'âge de fer, où est actuellement l'humanité.

kalpa, *nt.* Cycle cosmique.

kalpataru, *adj.* Qui peut exaucer tous les désirs.

kalyâna, *adj.* Pur, beau.

kâma, *m.*
1. Désir, amour.
2. Sensualité.

kamala, *nt.* Lotus.

kamalâsana, *nt.* Posture du lotus.

kamandalu, *m.*
1. Courge servant de gourde.
2. Vase de cuivre utilisé par les *samnyâsins*.

Kâma-Sûtra, *nt.* Texte de référence de l'érotique indienne.

kâmini-kânchana, *nt.* La sexualité et l'or (RKr).

kânchana, *adj.* En or. — *Subst. nt.*
1. Concupiscence.
2. Richesse (RKr).

kantha, *nt.* La gorge.

kantha-chakra, *m.* Synonyme de *vishuddha-chakra*.

kantha-padma, *nt. Chakra* à la hauteur de la gorge.

kanyâ, *f.* Jeune fille.

kapâla, *m.*
1. Crâne.
2. Coupe fait d'un crâne.

kapâlabhâti, *f.* Exercice ayant pour but l'expectoration du flegme. Il peut se faire de trois façons différentes : *vâtakrama, vyutkrama, shîtkrama*. C'est un des six procédés hathayoguiques de nettoyage du corps ; il porte directement sur les organes de la respiration situés dans la boîte crânienne, mais est réputé agir indirectement sur l'ensemble du corps. La forme la plus courante est *vâtakrama*, qui se pratique assis, de préférence en *padmâsana*, sans *jâlandhara-bandha*, le *mûla-bandha* se forme automatiquement. L'exercice ne comporte pas de *kumbhâta*.

kapâlarandhra, L'intérieur du crâne, la face intérieur de la boîte crânienne.

kapi, *m.* Singe.

Kapila (Dates inconnues). Auteur des Sâmkhyasûtras.

KAR (autre forme : KRI), *rac.* Faire. Cf. *Karana, karman, prakriti*.

-kara, *Suff.* désignant celui qui fait.

karana, *nt.* Cause.

kârana-kosha, *m.* L'un des cinq *koshas*.

karana-purusha, *m.* karana-sharîra, *m.*

1. Corps causal.
2. Syn. de *jîvâtman* (*Aur*).

karma, Cf. *karman*.

karma-bhûmi, *f.* Le monde terrestre, sphère du *karman*.

karma-déva, *m.*
1. Dieu dans le monde de la multiplicité.
2. Ame occupant pendant un certain temps un corps de Dieu.

karma-kânda, *nt.* Chapitre traitant de l'action.

karmakshétra, *nt.* Le champ du *karma*.

karman, *nt.* (*Rac.* KAR : parfois orthographié *karma*).
1. Acte rituel.
2. Tout acte, action, œuvre.
3. Travail activité.
4. Conséquence des actes.
5. Reliquat des conséquences bonnes ou mauvaises à subir pour les actes passés et déterminant les incarnations successives. — Cf. *samsâra, utkata karma*.

karma-phala, *nt.* Fruit de l'action.

karma-phala-tyâga, *nt.* Renoncement à tout désir des fruits de l'action.

karma-sharîra, *m.* Corps causal (RKr).

Karma-Yoga, *m.* Yoga dans lequel l'action joue un rôle prépondérant.

karméndriya, *nt.* Organe moteur. Ce sont *vâch, pâni, pâda, pâyu, upastha.*

karna, *m.* Oreille.

kartâ, *m.* Auteur de l'action.

kartavyam karma, *nt.* L'action qui doit être faite.

karunâ, *f.*
1. Compassion.
2. Grâce (Aur).

kashâya, *adj.* Latent, subtil (RMah, Siv).

kathâ, *f.* Discours.

kaula, *adj.* (De *kula*) Adepte du Tantrisme, plus particulièrement celui qui suit la voie de la main gauche. — Cf. *vâma-mârga.*

kaupîna, *nt.* Cache-sexe porté par les ascètes, les pauvres, etc.

kaushalâ, *f.* Habileté.

kaushtubha, *nt.* Joyau sacré, en particulier sur la poitrine de certains Dieux.

Kautilya (IVe siècle av. J. C.). Auteur de l'Artha-shâstra.

kavi, *m.*
1. Poète.
2. Visionnaire, sage.

kavirâj, *m.* Médecin âyurvédique.

kâya-vyûha, *nt.* Un des corps multiples créés pour lui-même par un yogin.

kétu, *nt.*
1. Signe de ralliement.
2. Connaissance.

kévala, *adj.* Pur, sans mélange.

kevala-kumbhâka, *m. Kumbhâka* qui ne s'accompagne pas d'inspirations et d'expirations. C'est un arrêt de la respiration, parfois de longue durée, qui se produit chez le yogin sans que celui-ci fasse d'effort spécial pour l'obtenir. Par opposition à *sahita-kumbhâka.*

kévala-nirvikalpa, kévala-samâdhi, *m. Nirvikalpa-samâdhi* pur (RMah).

khaddar (hindî). Étoffe filée et tissée à la main.

khânda, *nt.*
1. Partie d'un ouvrage.
2. Division.
3. Fissure.

khanda-jnânin, *m.* Yogin qui voit le Divin sous un aspect limité (RKr).

khecharî-rudrâ, *f.* Exercice dans lequel la langue est retournée en arrière, après avoir été étendue au maximum, jusqu'à toucher l'espace entre les sourcils.

khéyala (bengali). Acte inspiré directement par le Divin (AM).

Kinnara, *m.* (litt. : « est-ce un homme ? »). Etre divin représenté avec une tête de cheval.

kîrtana, *nt.* Sermon accompagné de chants et de litanies.

KLIM *Mantra* monosyllabique utilisé dans le rituel tantrique.

Ko'ham (expression sanskrite) : « qui suis-je ? » (RMah).

kosha, *m.* Fourreau enveloppant l'âme. On distingue généralement *annamaya-kosha, manomaya-kosha, prânamaya-kosha, kârana-kosha* et *ânandamaya-kosha.*

krama-mukti, *f.* Libération progressive (RMah).

kratu, *m.*
1. Intelligence créatrice.
2. Action (Aur).

KRI, *rac.* Autre forme de la racine KAR.

kridâ, *f.* Jeu.

kripâ, *f.*
1. Tendresse, compassion.
2. Grâce divine (AM, Aur).

kripâ-siddha, *adj.* Parvenu à la perfection par l'effet de la Grâce divine (Aur. RKr).

krishna.
1. *adj.* noir.
2. *Subst. m.* Huitième avatar de Vishnou.

krita-kritya, *adj.* Qui a fait ce qu'il devait faire (Siv).

krita-yuga, *nt.* Le premier des quatre âges cosmiques.

kriyâ, *f.*
1. Cérémonie.
2. Travail.
3. Action créatrice (AM).

Kriyâ-Yoga, *m.*
1. Pratiques de Hatha-Yoga.
2. Yoga préparatoire (Siv).

krodha, *m.*
1. Colère.
2. Envie (RMah).

kshamâ, *f.*
1. Patience.
2. Indulgence, oubli des injures (Siv).

kshapâ, *f.* Nuit.

kshara, *adj.* Mobile, muable, périssable.

kshatra, *nt.* Pouvoir temporel.

kshatriya, *m.*
1. Guerrier.
2. Membre de la deuxième caste.

kshaya, *m.* Destruction, disparition.

kshétra, *nt.*
1. Domaine féodal, royaume.
2. Champ.
3. Lieu sacré (RMah).

kshipra, *adj.* Agile.

kshipta, *adj.*
1. Détruit.
2. Dispersé (Siv).
3. Actif (RMah).

kshîra, *nt.*
1. Lait.
2. Friandise à base de lait.

kshoba, *m.*
1. Emotion.
2. Vibration, perturbation (Aur).

Kubéra. Dieu des richesses.

kula, *nt.*
1. Famille, Communauté.
2. L'obédience tantrique, plus particulièrement de la main gauche, *vâma-marga*.

kula-dharma, *m.* Dharma de la famille.

kula-kundalinî, *f.* La *kundalinî* à sa base (Siv).

kumâra, *m.*
1. Enfant.
2. Prince.

kumbha, *m.* Pot.

kumbhâka, *m.*
1. Petit pot.
2. Rétention du souffle, on distingue le *sahita-kumbhâka* et le *kevala-kumbhâka*.

kumbha-mélâ, *f.* Fête à l'occasion de laquelle se réunissent *sâdhus* et *sannyâsins*.

kum-kum (hindî), Poudre vermillon utilisée pour le *tilakâ*.

kundalinî, kundalinî-shakti, *f.* Énergie représentée par un serpent lové à la base du corps subtil et s'élevant le long de la *sushumnâ* dans certains exercices de Yoga.

kundalinî-yoga, *m.* L'une des formes du Hathayoga, visant à éveiller l'énergie subtile (Kundalinî).

kûrma, *m.* Tortue.

kusha, *m.* Herbe sacrée utilisée pour la confection de carpettes ou litières rituelles.

kushâla, *nt.* habileté.

kuti, *f.* (hindî), Cabane, petit âshram (Rdas).

L

lâghava, *nt.* Légèreté.

laghiman, *nt. Siddhi* obtenue par le yoga et rendant le corps extrêmement léger.

laghu, *adj.* Léger.

lakh (hindî). Cent mille.

lakshana, *nt.*
1. Marque.
2. Désignation.
3. Cause.

lakshana-vâkya, *nt.* Connaissance infaillible (Siv).

lakshya, *nt.* Objet de la concentration ou de la méditation (RMah, Siv).

langoti (hindî), Pièce d'étoffe qui se noue autour des reins.

laulikî, *f.* Exercice analogue à la *nauli*.

laya, *m.*
1. Dissolution.
2. Synonyme de *pralaya*.
3. « Dissolution de l'être individuel se fondant dans l'unique existence » (Aur.).
4. « Dissolution de quelque chose qui continue d'exister potentiellement » (AM.).

Laya-Yoga, *m.* Yoga visant à la « dissolution » du mental.

lépa, *nt.* Impureté.

lîlâ, *f.*
1. Amusement, plaisanterie, jeu (à l'exclusion des jeux de hasard), plus particulièrement jeu érotique.
2. L'univers considéré comme un « jeu » de Dieu, plus particulièrement de Krishna.

linga, *nt.*
1. Signe.
2. Phallus.
3. Symbole de Shiva.

linga-sannyâsa, *nt.* Syn. de *vidisha-sannyâsa*.

linga-sharîra, *nt.* Le corps subtil. *Syn.*: *sûkshma-sharîra*.

lion (pose du) : voir *simhâsana*.

lobha, *m.*
1. Concupiscence.
2. Avarice (Rdas).

Lois de Manu (Mânava-Dharmashâstra). Le plus célèbre des Dharma-Shâstras.

loka, *m.*
1. Monde.
2. Plan de conscience.

Lokapâla, *m.* Dieu gardien d'un point cardinal.

loka-sangraha, *m.*
1. Rassemblement mondial.
2. Maintien de la cohésion des peuples (Aur).
3. Salut du monde (Rdas).

lotâ (hindî)
1. Louche.
2. Bol de cuivre.

M

MA, autre forme de la racine MAN.

MÂ, *rac.* Mesurer. *Cf. mâyâ, mâtrâ*.

mâ (hindî). Mère (cf. aussi : *matri, matâ*).

mada, *m.* Passion, l'un des *shadripus*.

madhura, *nt.*
1. Douceur, suavité.
2. Stade du Bhakti-Yoga où le *bhakta* adore Dieu comme un mari ou un amant.

madhura-bhakti, *f.* L'une des formes de *bhakti*.

Mâdhva (XIIe siècle). L'un des maîtres du Védânta dualiste (*dvaïta-védânta*).

madhyama, *adj.* Moyen, intermédiaire.

madhyama-prânâyâma, *m. Prânâyâma* moyen, où les trois opérations durent respectivement huit, trente-deux et seize fois le temps de prononcer OM.

mahâ- (en début de composé). Grand.

Mahâ-Bhârata, *nt.* Poème épique relatant la

guerre des Pândavas contre les Kauravas. La Bhagavad-Gîtâ en est un épisode.

mahâ-bhâva, *nt.*
1. L'état le plus haut.
2. L'amour suprême (AM).
3. Stade suprême de la *madhura-bhakti*. Comprend normalement *prema, sneha, pranaya, mâna, râga, anurâga* et *mahâ-bhâva*.

mahâ-bhûta, *nt.* Elément grossier.

Mahâdeva, *m.* Le Grand Dieu, un des noms de Shiva.

mahâdévî, *f.* ou simplement **dévî**, *f.*
1. La Déesse suprême.
2. L'énergie primordiale, Shakti.
3. La Nature, Prakriti.

mahâ-karana, *nt.* La cause première.

mahâmudrâ, *f.* Exercice dans lequel le yogin, assis sur le sol, ferme l'anus avec le talon gauche, étend la jambe droite sur le sol, saisit le pied droit de ses deux mains et se met en *jâlandhara-bandha* (et inversement).

mahant, *adj. Adj.* grand. — *Subst.* « La buddhi en tant qu'Intelligence cosmique. » (Aur). - Cf. *tattva*.

mahâ-pralaya, *nt.* Dissolution de l'univers.

mahâ-prasâda, *m.*
1. Offrande principale.
2. *Prasâda* offert à Jagannâth dans le temple de Puri (RKr).

mahâ-purusha, *m.*
1. L'Être suprême.
2. Grande incarnation divine (Viv, RKr).
3. Grand être spirituel (AM).

mahâ-râja, *m.*
1. Prince régnant.
2. Terme de respect pour désigner un *sâdhu*.

maharloka, *m.* Monde de la vaste conscience (Aur).

maharshi, *m.* Grand *rishi*.

mahas, *nt.* L'un des sept mondes. *Syn.* de *maharloka*..

mahâ-samâdhi, *m.*
1. *Samâdhi* définitif.
2. Désigne souvent le décès.

mahâ-shûnya, *nt.* Le grand vide.

mahat, *nt.*
1. Grandeur, puissance.
2. Le mental universel (Siv).
3. Conscience universelle (Viv).
4. Intelligence suprême (Viv).

mahâtmâ (hindî). Grande âme, grand sage.

mahâ-vâkya, *nt.*
1. Poème épique (Râmayana, Mahâbhârata, etc.)
2. Important *mantra* védique.

mahâvedha, *nt.* Exercice dans lequel le yogin, assis en *padmâsana*, les paumes des mains sur le sol, se soulève sur les mains un certain nombre de fois et se laisse retomber sur le sol.

mahâ-yoga, *m.* Union suprême avec le Divin, l'*âtman* ou le cosmos (Viv, AM).

mahiman, *nt.*
1. Grandeur.
2. *Siddhi* obtenu par l'exercice du Yoga où le yogin se sent aussi grand qu'une montagne.

maïthuna, *nt.* (De *mithuna*, paire, couple).
1. Toutes les formes de l'acte sexuel, un des cinq *panchamakâra*.
2. Dans l'iconographie, groupe en union sexuelle.
3. Union de l'âme avec son Seigneur ou de la Shakti avec son Purusha.

maitrî, *f.*
1. Amitié.
2. Stade du Bahkti-Yoga où le *bhakta* considère le Divin comme un ami.

mâlâ, *f.* Chapelet, guirlande.

mamatâ, *f.* Idée de « mien », sens de possession.

MAN (autre forme : MA), *rac.* Penser, Cf. *manas, mati.*

mâna, *nt.* Quatrième stade de la *madhura-bhakti* où l'adorateur éprouve une terreur sacrée envers son *îshta-devatâ.*

mana-âkâsha, *m.* Ether mental (RMah).

manah-kosha, *m.* Formation d'une image mentale (Aur).

manana, *nt.* Réflexion, stade dans la méditation (Aur, RMah).

manas, *m.* (Rac. MAN). Faculté intérieure de perception, de volition et d'action, faculté pensante, intellect.

mânasa, *nt.* (De *manas*). Être pensant.

mânasâ pûjâ, *f.* Culte mental.

manash-chakra, *nt. Chakra* secondaire entre l'*âjnâ-chakra* et le *sahasrârachakra*.

Mânava-Dharmashâstra, *nt.* Traité socio-juridique attribue à Manu.

mandala, *nt.*
1. Disque, cercle, sphère.
2. Toute figure géométrique apparentée au cercle.
3. Structure, forme d'organisation (par ex. chapitre d'un livre, district administratif).
4. Dessin que l'on trace sur le sol ou sur un autre support à l'occasion de divers rites. — Cf. *yantra*.

mandapa, *nt.* Salle à piliers dans les temples du Sud de l'Inde.

mandira, *m.* Temple.

mani, *m.*
1. Perle.
2. Joyau.

manipûra-chakra. *nt.* Le *chakra* situé dans la région du nombril. Représenté par un lotus à dix pétales, de couleur rouge, où s'inscrit un triangle pointe en bas. On y entend la résonance (*nâda*) RAM. En rapport avec l'élément Feu (*agni*). Syn. : *nâbhichakra*.

manîshin, *m.* Penseur (Aur).

manolaya, *m.* Dissolution du mental.

manomaya-kosha, *m.* Fourreau mental (RMah, Siv).

manomaya-purusha, *m.* Être mental (Aur, Siv).

manonâsha, *nt.* Dissolution du mental.

-mant. Suff. marquant l'appartenance ou la possession.

manthâ (hindî). Penseur (RMah).

mantra, *m.* ou *nt.* (Rac. MAN).
1. Instrument de pensée.
2. Brève formule sacrée d'invocation. — Cf. *japa, OM, hamsa, so'ham, gâyatrî*.

Manu, parfois ortographié Manou, *m.* Nom du Père de la race humaine et fondateur de ses institutions (« Lois de Manou », cf. Mânava-Dharmashâstra).

manusha, *m.* Homme.

mânushâh pitarah, *m. plur.* Ancêtres humains.

manvantara, *nt.* Cycle cosmique comprenant les quatre *yugas.*

mârga, *m.* Voie.

mârjâra, *m.* Chat.

mârjâra-nyâra, *m.* Attitude du chaton qui se laisse porter par sa mère.

marka, *m.* (ou : markata).
1. Singe.
2. Le souffle (Siv).

markata-nyâva, *m.* Attitude du petit singe qui s'accroche à sa mère.

markata-sannyâsin, *m. Sannyâsin* qui a renoncé par dégoût de la vie (RKr).

masjid (urdu). Temple.

matâ (hindî) *f.* Mère.

matha, *m.* ou *nt.* (Parfois orthographié *math.*) Monastère ou grand *âshram* bâti en dur.

mathâdhipati, *m.* Chef d'un monastère (RMah).

mati, *f.* Pensée juste. Parfois considérée comme l'un des *niyamas.*

mâtrâ, *f.*
1. Mesure.
2. Petite unité de temps.
3. Durée d'une pulsation du cœur.

matri, *f.* Mère (cf. aussi *mâ, matâ*)

matsara, *m.*
1. Égoïsme.
2. Jalousie.

matsya, *m.* Poisson.

matsyâsana, *nt.* Posture du poisson. *Âsana*, dans lequel le yogin repose sur les cuisses et le sommet de la tête, avec le tronc fortement arqué, les pieds croisés au-dessus des chevilles, les talons appuyés sur l'abdomen, les mains tenant chacune le gros orteil du pied opposé. Les mains peuvent aussi être disposées autour de la tête.

matsyâvatara, *m.* Incarnation de Vishnu sous la forme d'un poisson.

matsyendrâsana, *nt.* *Âsana* extrêmement difficile inventé par Matsyendra.

mauna, *nt.* Silence.

mauna-dîkshâ, *f.* Initiation par le silence (AM).

maund (anglo-indien). Poids d'environ 35 kg.

mâyâ, *f.* (Rac. *MÂ*)
1. Faculté de mesurer, géométrie.
2. Sagesse éternelle, éternel pouvoir du Brahman (Aur.).
3. Puissance cosmique grâce à laquelle l'univers se manifeste et s'organise.
4. Illusion cosmique qui conduit l'homme à prendre le phénomène pour le noumène.
5. Puissance d'illusion du Seigneur.
6. *Prakriti* inférieure (Aur.) ; la Nature (RMah.), le monde (RKr.)
7. Pouvoir mystérieux par lequel un Dieu manifeste sa souveraineté.
8. La Mère divine (Aur.)
9. Puissance d'illusion (Rdas).
10. Apparence.
11. Magie.

mâyâvâda, *m.* Syn. d'*advaïta-vâda*.

mâyâvâdin, *m.* Adepte du *mâyâvâda*.

mâyikâ, *f.* Ignorance (RMah).

mayûrâsana, *nt.* Pose du paon. *Âsana* dans lequel le yogin, le corps allongé horizontalement au-dessus du sol, les coudes joints sous l'abdomen et les avant-bras presque verticaux, repose sur la paume des mains, avec des doigts écartés et pliés, les ongles plantés dans le sol, la tête soulevée et le menton projeté en avant. Il se fait plus facilement sans respirer. Une variante se fait avec les jambes écartées ; on l'utilise en particulier pour rejeter l'eau qui peut être restée dans l'intestin après l'exercice de *basti*.

médhâ, *f.* Intelligence.

médhâ-nâdî, *f. Nâdi* de l'intelligence, qui transforme les basses énergies en énergies plus hautes (RKr).

mégha, *m.* Nuage.

milana, *nt.* Union complète et durable (Aur).

mîmâmsâ, *f.* L'un des six *darshanas*.

mîmâmsâka, *m.* Adepte de la *mîmâmsâ*.

mishra, *adj.* Mélangé.

mishra-sattva, *nt.* Stade immédiatement antérieur à *gunâtîtâ* (RMah).

mitâhâra, *m.* Sobriété.

mithuna, *nt.* Synonyme de *maïthuna.*

mithya, *nt.* Illusion, mensonge.

mléchchha, *m.* Qui ne fait pas partie des hindous.

moda, *m.* Joie.

moha, *m.*
1. Égarement, ignorance.
2. Illusion.
3. Attachement à ce qui est illusoire.

mohant, *m.* Administrateur d'un temple.

MOK, *rac.* Autre forme de MUCH.

moksha, *m.* (Rac. MUCH). Délivrance, libération des liens du *karma,* sortie du *samsâra,*, salut, *Syn.* : *mukti.*

mridâ, *f.* Terre grasse et visqueuse utilisée dans les rituels de purification.

mridu, *adj.* Tendre.

mriga, *m.*
1. Gibier en général.
2. Daim, gazelle.

mriga-trishnâ, *f.*
1. Passion de la chasse.
2. Mirage (RMah).

mrita, *adj.* Mort.

mritya, *m.* Mort.

MUCH (autre formes : MOK, MUK), *rac.* Délivrer. *Cf. moksha, mukti.*

mudâ, *f.* Joie.

mûdha, *nt.* Inertie, stupidité.

muditâ, *f.* Contentement, absence de jalousie, joie.

mudrâ, *f.*
1. Sceau, signe, marque.
2. Dans certaines disciplines (danse, yoga, etc.) geste significatif destiné notamment à maîtriser les puissances du corps subtil (*sûkshma-sharîra*). — Cf. *bandha.*

muhurta, *nt.* Un trentième de la durée du jour, soit environ 48 minutes.

MUK, *rac.* Autre forme de MUCH.

mukha, *nt.*
1. Bouche.
2. Visage.
3. Tête.

mukhyâ, *adj.*
1. Premier.
2. Suprême (Viv).

mûkhyâ-bhakti, *f.* Bhakti qui joue un rôle essentiel dans la vie de l'adorateur.

mukhya-prânana, *nt.* Source d'où jaillissent l'ego et le *prâna* (RMah).

mukta, *adj.* Libéré.

mukta-loka, *m.* Syn. de *brahma-loka* (RMah).

muktapadmâsana, *nt.* Nom donné au *padmâsana* ordinaire pour le distinguer de ses variantes.

mukti, *f.* Libération de l'obligation de renaître.

mûla- *nt.*
1. Racine.
2. Fondement.

mûla-bandha, *m.* Exercice de contraction des sphincters de l'anus. Il se pratique de préférence en *siddhânasa*.

mûlâdhâra, *nt.* (De *mûla,* base, et *âdhâra,* support). Le *chakra* situé dans la région de l'anus. Représenté par un lotus à quatre pétales, de couleur jaune, dans lequel est inscrit un triangle pointe en bas dans un carré. Siège de la conscience physique (Aur.), où est lovée la *kundalinî*.

mûladhauti, *f.* Partie de la *dhauti* qui consiste à nettoyer l'orifice de sortie de l'*apâna* soit avec le médius et de l'eau, soit avec une tige de curcuma.

mumukshutva, *nt.* Intense désir de libération.

muni, *m.*
1. Ascète ayant fait vœu de silence (*mauna*).
2. Sage.

muralî, *f.* Flûte.

mûrchchhâ, *f.* Catégorie de *prânâyâma* dans laquelle l'expulsion de l'air se fait en *jâlandhara-bandha*.

mûrti, *f.*
1. Image, statue.
2. Visage.

mûrti-dhyâna, *nt.*
1. Méditation sur un aspect du Divin.
2. Adoration d'une image (RMah).

mushala, *nt.* Pilon, massue.

N

nabhas, *nt.* Ciel.

nâbhi, *m.* Nombril.

nâbhi-chakra, *m.* Synonyme de *manipûra* et de *nâbhi-granthi*.

nâbhi-granthi, *m.* Synonyme de *manipûra* et de *nâbhi-chakra*.

nâbhi-padma, *nt.* Syn. de *manipûra-chakra*.

nâda, *m.*
1. Bruit violent, rugissement d'un fauve.
2. Son intérieur que l'adepte perçoit.

nâda-shabda, *nt.* Le son primordial, le Verbe créateur.

nâdî, *f.* Dans le corps subtil, vaisseau faisant partie d'un réseau par lequel circulent les *prânas*.

nâdî-shuddi, *f.* Purification des *nâdîs*.

naga, *m.*
1. Montagne.
2. Plante.

nâga, *m.* Serpent.

nâgarî, *f.* (« citadine »). Nom de l'écriture utilisée pour le sanskrit et le hindî.

nâgî, nâginî, *f.* Serpente.

nâham (*na + aham*). Je ne suis pas cela (RMah).

naïshkâmyam karma, *nt.* Action ne créant pas de *karma*.

naïshthika-brahmachârin, *m.* Qui a fait vœu de célibat perpétuel.

nakshatra, *nt.* Constellation.

NAM, *rac.* S'incliner, Cf. *namas*.

nâma, *nt.*
1. Nom.
2. Le Verbe (RMah).

namas, *nt.* hommage.

nâma-japa, *nt.* Japa du nom divin.

nâma-rûpa, *nt.* Le nom et la forme.

nâma-shakti, *f.* Le pouvoir du nom de Dieu.

namaskâra, *m.* Salutation, prosternation.

namaz (urdu). Invocation musulmane.

nâna-jîvâtvâ, *f.* Individualité séparée (RMah).

nanatvâ, *f.* Diversité (RMah).

nanda, *m.* Joie.

nara, *m.*
1. Être humain.
2. Incarnation.
3. Incarnation de Vishnou, accompagnant Nârâyana.

naraka, *nt.* Enfer.

nara-lîlâ, *f.* Incarnation divine en un homme (RKr).

Narasimha. « L'homme-lion » ; l'un des avatâras de Vishnou.

Nârâyana, *m.* Un des noms de Vishnou,
1. en tant que « patron » de l'humanité, accompagnant Nara.
2. Étendu sur l'océan de lait entre deux vies du monde.

nâsa, *nt.* Nez.

nâsâgra-drishti, *f.* Fixation du regard sur la pointe du nez ; se pratique de préférence en *padmâsana*.

nâsha, *nt.* Dissolution, disparition, destruction.

nashta, *adj.*
1. Détruit.
2. Perdu (Aur).

nâsikâ, *f.* Odorat, l'un des *jnânendriyas*.

nâsti, *f.* Non-être (RKr).

nâtha, *m.* « Seigneur », non donné aux adeptes du Hatha-yoga de Goraksha.

Nâtya-Shâstra, *nt.* Traité de danse et d'art dramatique, attribué à Bharata.

nauli, *m.* Abdomen.

nauli ou **naulika**, *nt.* Un des six procédés hatha-yoguiques de nettoyage du corps, consistant en un exercice de roulement du grand droit de l'abdomen. Le yogin prend d'abord la position prescrite pour *uddiyâna-bandha* et fait les exercices correspondants, puis, en faisant effort sur la région pelvienne, il isole le muscle grand droit de l'abdomen, qui fait alors saillie sur toute sa longueur, le reste de l'abdomen étant énergiquement rentré ;

c'est la position dite *nauli-madhyama*. Quand cette pose est devenue facile, complète et sans douleur — ce qui nécessite une longue pratique — le yogin s'exerce à la *vâma-nauli*, où seule la moitié gauche du muscle fait saillie sur le côté gauche de l'abdomen, et à la *dakshi-nanauli*, où seule la moitié droite du muscle fait saillie sur le côté droit de l'abdomen. La *nauli* proprement dite consiste en une succession rapide de ces trois poses, exécutée plusieurs fois au cours d'une même expiration.

nauli-madhyama, *m.* Dans la *nauli,* pose où le muscle grand droit de l'abdomen fait saillie sur toute sa longueur au milieu de l'abdomen.

nava, *adj.* Neuf, nouveau.

nava, *adj. num.* Neuf.

nava-râtri, *f.* Fête de Durgâ.

navavidha-bhakti, *f.* Nonuple voie du Bhakti-Yoga (Siv).

nâyayika, *adj.* Qui concerne le *nyâya*.

néra, (*f. nérî*) (bengalî). Qui a embrassé la vie monastique (RKr).

néti, *adv.* Pas ainsi. Ce n'est pas cela.

néti, *f.* Exercice hatha-yoguique dans lequel on nettoie la cavité nasale avec une sorte de mèche que l'on fait entrer par le nez et sortir par la bouche, ou encore en aspirant de l'eau par le nez et en la rejetant par la bouche.

nétra, *m.* Oeil.

-ni. *Préf.* marquant un mouvement de haut en bas.

nidhi-dhyâsana, *nt.* Concentration profonde sur un seul objet (RMah, Siv).

nidrâ, *f.*
1. Sommeil.
2. Déesse du sommeil.

nigraha, *nt.* Suppression violente.

nijânanda, *nt.* Véritable félicité (RMah).

nimitta, *nt.* Causalité.

nirâkâra, *nt.* Sans forme (RKr, AM).

nirâpad, *f.* Sécurité, prospérité.

nirâvarana, *adj.* Sans voile (AM).

nirbîja, *adj.* Sans semence.

nirguna, *adj.* Sans *gunas.*

nirguna-Brahman, *nt.* L'Absolu « sans qualités ».

nirguna-upâsana, *nt.* Adoration du Braham sans second (RMah).

nirmani-chittâni, *nt. plur.* Esprits créés (Aur).

nirodha, *m.* Refrènement, suppression, maîtrise.

nirukta, *nt.* Textes donnant l'interprétation étymologique de certains mots du véda.

nirvâna, *nt.*
1. Sans souffle.
2. Extinction de toute relativité (Viv).
3. Passage de l'ignorance à la vérité (Aur).
4. Extinction du moi individuel séparé (Aur).
5. Immersion du moi dans l'existence infinie (Aur).
6. Conscience de la réalité une (RKr).
7. Libération de Mâyâ (Rdas).

nirvichâra, *nt.* État sans discrimination.

nirvikalpa-samâdhi, *m.* *Samâdhi* suprême, immuable et exempt de toute différenciation.

nirvishaya, *adj.* Sans rapports avec les objets des sens (AM, Siv).

nirvishésha, *adj.*
1. Indéfini, indistinct.
2. Ne permettant aucune différenciation (Siv).

nirvitarka, *adj.* Sans argumentation (Siv).

nishkâma, *adj.* Sans désirs.

nishkâma-karman, *nt.* Action sans désirs, désintéressée.

nishkâma-sévâ, *f.* Service sans désir de rétribution.

nishkriya, *adj.* Inactif.

nishtâ, *f.*
1. État, condition
2. Foi sincère.
3. Dévotion exclusive et constante (RKr).

nîti, *f.*
1. Conduite, politique.
2. Moralité.

nitya, *adj.* Éternel, permanent.

nitya-lîlâ, *f.* Le jeu éternel du Divin.

nitya-mukta, *adj.* Libéré à jamais.

nitya-siddha, *adj.*
1. Éternellement parfait.
2. Parfait depuis sa naissance (RKr, RMah, Siv).

nivâsa, *m.* Domicile.

nivritti, *f.*
1. Cessation de la poussée vers l'action.
2. Mouvement circulaire vers l'intérieur (Viv).

nivritti-mârga, *m.* Voie du renoncement.

niyama, *m.* (Rac. YAM, et préf. *ni*-). Disciplines psychologiques positives visant à mettre le sujet en condition pour le progrès spirituel. Les principales sont : *shaucha, santosha, tapas, svadhyâya* ou *siddhânta-shravana, vrata, âstikya, mati, îshvara-pranidhâna* ou *îshvara-pûjâna, japa, dâna, hrî.* — Cf. *yama*.

niyoga, *m.*
1. Emploi, usage.
2. Injonction.

nri, *m.* Homme.

nyâsa, *m.* (Rac. AS, préf. *ni*-). Geste rituel consistant à déposer un onguent sur une partie du corps pour honorer la *dévatâ* qui y réside.

nyâya, *m.* La logique, un des six *darshanas*.

O

ojas, *nt.*
1. Puissance matérielle, énergie, force.
2. Énergie générale du corps.
3. Énergie spirituelle en laquelle peuvent être transmuées d'autres énergies, y compris l'énergie sexuelle.
4. Synonyme de *vajra*.

OM, (Mantra monosyllabique s'analysant A + U + M).
1. Symbole sonore de l'Absolu.
2. Son prononcé au début de toute récitation sacrée.
3. Son originel représentant la réalité spirituelle suprême (Aur).

4. Son-syllabe exprimant la conscience de Brahman dans tous les domaines (Aur).

5. Le Brahman suprême (Siv).

omkâra, *m.* La syllabe OM ; (cf. aussi : *pranava*).

P

pâda, *m.* Pied.

pâdahastâsana, *nt.* Pose dans laquelle le yogin, debout, se penche en avant et appuie son visage contre ses genoux, les mains tenant les orteils.

pâdârtha-bhâvana, *nt.* Méditation constante sur la signification d'un *mantra* (AM).

pâda-sévâ, *f.* Service aux pieds du gourou.

padma, *nt.* Lotus.

padmâsana, *nt.* Pose du lotus, *âsana* dans lequel le yogin, assis sur le sol, croise les jambes de telle sorte que la face dorsale des pieds soit posée sur le haut des cuisses, la plante en l'air, les talons appuyant sur le bas de l'abdomen. Les deux mains sont posées à plat sur les pieds, la paume en dessus, la main droite sur la main gauche.

pakshin, *m.* Oiseau.

PAL, *rac.* Protéger.

pâla, *m.* Gardien.

pân, (hindî). Bétel.

pancha, *num.* Cinq.

panchâgni-tapas, *nt.* Ascèse entre quatre brasiers et sous un soleil brûlant.

panchama-kâra, *m.* Forme d'activité caractéristique de la condition humaine.

Pancha-Tantra, *nt.* Recueil de contes et de fables.

pandal (hindî). Grande tente.

pandita, *m.* (prononciation moderne : pandit).
1. Sage.
2. Lettré, savant.

pâni, *m.* Main.

Pânini (vɪᵉ siècle av. J.C.) Le plus célèbre des grammairiens sanskrits.

paon (pose du) : voir *mayûrâsana*.

pâpa, *nt.* Péché.

para, *adj.* Autre, différent.

para, *adj.* Supérieur, suprême.

parâ, *adv.* Au-delà.

parâ-bhakti, *f.* Amour extatique de Dieu (RKr). Dévotion suprême (Viv). *Bhakti* qui accompagne ou suit la connaissance suprême (AM).

Parabrahman, *nt.*
1. Le Brahman suprême.
2. La Réalité suprême inconnaissable (Aur).

paraloka-vidyâ, *f.* Science de ce qui se rapporte aux décédés et à leurs plans d'existence (Siv).

parama, *adj.* Suprême.

Parama-hamsa, *m.* (de *parama* : suprême, et *hamsa* : oie sauvage).
1. Très grand sage.
1. Être parfait.
3. Qui a réalisé la vérité suprême (RMah).

paramânanda, *nt.* Félicité suprême.

paramârtha, *m.* La quête suprême (AM).

Paramâtman, *m.*
1. L'*âtman* suprême.
2. L'âme universelle.

Paraméshvara, *m.* Le Seigneur suprême.

parântakâla, *m.* Transcendance des divers éléments du corps physique, mental, subtil, etc. (RMah).

Para-Prakriti, *f.* La Nature suprême (Aur).

Para-Purusha, *m.*
1. Le Seigneur suprême.
2. Syn. de *Purushottama*.

parârdha, *nt.* Moitié supérieure de l'univers de conscience (Aur).

Para-shakti, *f.*
1. Suprême *shakti*.
2. Puissance consciente suprême du Suprême (Aur).

Parashurâma, *m.* « Râma à la hache (*parashu*) ». L'un des avatars majeurs de Vishnu.

para-tattva, *nt.* Entité divine (AM).

parât param. Expression sanskrite : plus élevé que le Suprême (Aur).

para-vâch, *f.*
1. Le Verbe suprême.
2. Parole transcendante (AM).
3. Le huitième des sons inaudibles (Siv).

para-vidyâ, *f.* Sagesse suprême.

pari-. Préf. marquant un mouvement circulaire ou la supériorité.

parivrâj, *m.* Ascète errant mendiant.

parivrâjaka, *adj.* Qui concerne la vie du *parivrâj.*

paroksha, *adj.*
1. Hors de la vue.
2. Indirect (RMah).

parvan, *nt.* Partie d'un livre.

parvata, *m.* Montagne.

Pârvatî, *f.* Shakti de Shiva.

pâsha, *m.* Lacet.

paschimatânâsana, *nt. Asana* dans lequel le yogin est assis sur le sol, les jambes étendues à plat devant lui, les genoux joints, les bras demi-fléchis. Les coudes sont sur le sol, à côté des mollets, et les mains tirent sur les gros orteils. La tête est posée sur les jambes, le front au-dessous des genoux. Respiration normale.

pashu, *m.*
1. Animal domestique, bétail.
2. Victime offerte en sacrifice.
3. Synonyme de *pashupâta.*

pashupâta, *m.* Adorateur de Shiva sous son aspect de Pashupati, gardien du troupeau.

pâtâla, *nt.* L'un des enfers.

Patanjali (IVe siècle av. J.C.) Auteur des Yoga-Sûtras et grammairien célèbre.

pati, *m.*
1. Seigneur.
2. Époux.

patita, *adj.* Hindou déchu de sa caste.

pati-vrâta, *m.* Dévouement conjugal.

paurnamâsa, *nt.* Jour (ou rite) de la pleine lune.

paurusha, *adj.* Humain.

payas, *nt.* Lait.

pâyasa, *nt.* Riz au lait doux.

pâyu, *m.* Anus.

pelvienne (pose) : voir *vajrâsana* et *supta-vajrâsana*.

phala, *nt.* Fruit.

pinda, *m.* Boulette de riz offerte en oblation aux mânes des ancêtres.

pingalâ, *f. Nâdî* située à droite de la *sushumnâ*.

pishâcha, *m.* Catégorie de démons.

pitâ, cf. *pitri*.

pîtâmbara, *m.* Robe de soie jaune.

pitri, *m.* Père. Pl. *pitara* : mânes.

pitriloka, *m.* Le monde des ancêtres.

pitriyâna, *nt.* La voie des ancêtres.

pitti, *f.* Bile.

plâvinî, *f.* Catégorie de *prânâyâma* dans lequel le yogin boit l'air par la bouche et s'en emplit l'estomac. Il le rejette par des éructations successives.

poisson (pose du) : voir *matsyâsana* et *ardha-matsyendrâsana*.

pra-. *Préf.* signifiant vers l'est, ou en avant, ou vers la droite.

prabhu, *m.* Maître, Seigneur.

pradakshinâ, *f.* Circunambulation en tenant à sa droite l'objet de celle-ci.

pradhâna, *nt.* Substance primordiale.

pradîpta, *adj.* Lumineux par soi-même.

prajnâ, *f.*
1. Connaissance parfaite.
2. Sagesse-volonté téléologique (Aur).

prajnâna, *n.* Syn. de *prajnâ*.

prajnânâtman, *m.* L'*âtman* à l'état pur (RMah).

prajnâtâ, *f.* Conscience.

prajnâvant, *adj.* Qui possède *prajnâ*.

prâkâmya, *nt.* Satisfaction de tous désirs (Viv).

prakâsha, *m.*
1. Lumière.
2. Illumination intérieure (Aur).

prâkrit, *m.* Langue vulgaire dérivée du sanskrit.

prakriti, *f.* (*Rac.* KAR, *préf. pra*).
1. Dynamisme, projet, puissance procréatrice, construction active.
2. Manifestation existentielle des virtualités du *purusha.*
3. Personnification de la Nature. — Cf. *gunas, purusha, mâyâ, shakti.*

pralaya, *m.* Dissolution cyclique de l'univers.

pramantha, *nt.*
1. Barattement.
2. Frottement (Viv).

pramatha, *m.* Syn. de *gana* (troupe de divinités).

pramoda, *m.*
1. Joie parfaite.
2. Volupté de jouir de ce que l'on aime (AM).

prâna, *m.* (*Rac.* AN, préf. *pra*).
1. Souffle vital.
2. Les cinq souffles principaux : *prâna, apâna, udâna, vyâna* et *samâna.*
3. Fluide vital dans le corps (AM.)
4. Energie nerveuse (Aur.)
5. Principe de vie (Viv).
6. Force de vie, substance de vie (Aur.)
7. Force infinie et omniprésente qui se manifeste dans l'univers (Viv).
8. Force cosmique qui agit sur l'*âkasha* pour créer l'univers (Siv).

prâna-kosha, *m.*
1. L'une des enveloppes de l'âme.
2. Fourreau vital (Aur).

pranâm, (hindî) *m.* Salutation, hommage.

prâna-maya-kosha, *m.* Syn. de *prâna-kosha.*

prâna-maya-purusha, *m.* Être vital (Aur).

prâna-pratishthâ, *f.* Animation d'une image divine.

prâna-shakti, *f.* Élan vital (RMah).

pranava, *m.* (*Rac.* NAV ; *préf. pra-*). Le mantra OM.

pranaya, *m.* Troisième stade de la *madhura-bhakti* ou l'adorateur éprouve l'identité dans la différence avec son *îshta-devatâ.*

prânâyâma, *m.*, (De *prâna* et *â-yâma,* contrôle.)
1. Discipline respiratoire.
2. Le quatrième membre (*anga*) du Râja-Yoga et du Hatha-Yoga. — Cf. *pûraka, kumbhâka, réchaka.*

pranidhâna, *nt.* Bhakti où toutes les œuvres sont offertes au Seigneur (Viv).

prapatti, *f.* Soumission, abandon de soi au Divin (RMah).

prâpti-praptya, *adj.* Qui a obtenu ce qu'il voulait atteindre.

prârabdha-karma, *nt.*
1. *Karma* qui a commencé à porter ses fruits (Siv, RKr).
2. *Karma* que l'on ne peut écarter (AM).

prasâda, *m.*
1. Clarté et tranquillité heureuse.
2. La Grâce divine.
3. Nourriture offerte au Divin ou au *gourou* et redistribuée aux assistants.

prasava, *m.*
1. Procréation.
2. Projection dans la forme (Aur).

prashânti, *f.* État général de paix et de calme (Aur).

prathama, *adj.* Premier.

prati-. Préf. indiquant l'idée de point d'appui ou d'opposition.

prathibhâ, *f.*
1. L'intelligence.
2. Illumination spontanée provoquée par la pureté (Viv).

pratibimba, *nt.*
1. Reflet dans l'eau.
2. Réflexion comme dans un miroir (AM).

pratîka, *m.*
1. Première partie d'un vers.
2. Symbole (Viv, RMah).

pratikrayâ, *f.* Remède (RMah).

prati-loma, *m.*
1. A contre-poil.
2. Raisonnement analytique remontant de l'effet à la cause. Syn. de *viloma.*

pratimâ, *f.* Image représentant un Dieu.

prâtipaksha-bhâvana, *nt.* Méthode consistant à remplacer les pensées mauvaises par de bonnes pensées (Aur, Siv).

pratishthâ, *f.*
1. Support.
2. Réputation (Siv).

pratyâhâra, *m.*
1. Retrait des sens.
2. Cinquième membre (*anga*) du Râja-Yoga et du Hatha-Yoga. Séparation des sens d'avec leurs objets (Viv.), abstraction des facultés sensorielles et intériorisation de l'attention (RMah.)

pratyaksha (-vritti), *f.*
1. Perception directe (Viv).
2. Connaissance immédiate (RMah).

pravartaka, *m.* Débutant dans la pratique du Vishnouïsme.

pravîra, *m.* Héros.

pravritti, *f.*
1. Mouvement vers l'extérieur.
2. Impulsion à l'action (Aur).

pravritti-mârga, *m.* Voie de l'action.

prâyashchitta, *nt.*
1. Pénitence.
2. Exercice d'expiation.

prayatna, *nt.* Effort.

prayoga, *m.*
1. Toute pratique visant à un progrès spirituel.
2. Utilisation rituelle d'un *mantra*.

prayopavéshana, *nt.* Jeûne de longue durée (Aur).

préma, *nt.*
1. Amour intense pour le Divin.
2. Premier stade de la *madhurabhakti,* où l'amour pour le Divin ne peut déjà plus disparaître.

prémânanda, *nt.* Ravissement obtenu par le *préma* (Rdas).

prémonmâda, *m.* Véritable folie d'amour (RKr).

préta, *m.*
1. Trépassé.
2. Décédé malfaisant (Aur).

prithivî, *f.*
1. La Terre.
2. Le principe terrestre (Aur, RMah).

prîti, *f.*
1. Délice d'amour.
2. Plaisir en Dieu (Viv).

priya, *adj.* Chéri, aimé.

pûjâ, *f.* Cérémonie rituelle en l'honneur d'une Divinité.

punar-vritti, *f.* Retour.

punya.
1. *Adj.* pur, vertueux.
2. *Subst, nt.* Acte vertueux.

purâ, *adv.* Auparavant.

pûraka, *m.* Inspiration.

Purâna, *nt.* Classe de textes sacrés où sont contées les histoires concernant les avatâras de Vishnu.

purâna-purusha, *m.* Ancêtre (Rdas).

pûrî (hindî). Galette de froment.

pûrjashtaka, *nt.* Le corps subtil aux huit membres (RMah).

pûrna.
1. *Adj.* plein.
2. *Subst.nt.* Réalité éternelle (Aur).
3. Perfection (RMah).

pûrnâvâtara, *m.* Avatar complet.

purna-yoga, *m.* Yoga intégral (Rdas).

purohita, *m.* Prêtre officiant, chapelain.

purusha, *m.*
1. Mâle.
2. Le Seigneur, Ishvara, le Brahman.
3. L'*âtman*.
4. L'esprit en tant qu'il fait couple avec Prakriti.
5. Homoncule qui habite le cœur pendant la vie.

purushakâra, *nt.*
1. Énergie individuelle (Aur).
2. Libre arbitre (AM).

purushârtha, *m.* Fin suprême de toute vie humaine (RMah).

Purushottama, *m.*
1. Être suprême qui embrasse l'Absolu et la manifestaton.
2. Brahman sous ses deux aspects : statique et dynamique (AM).

pûrva, *adj.* Originel.

pûrvagamana, *nt.* Naissance (RMah).

pûrva-samskâra, *nt.* Pulsions de l'inconscient (RMah).

pûrva vâsanâh, *m.plur.* Tendances provenant des vies précédentes (RMah).

pûrve pitarah, *m. plur.* Ancêtres éloignés.

pûshan, *m.*
1. Dieu de la prospérité.
2. Nourricier (Aur, Siv).

pushpa, *nt.* Fleur.

pushti, *f.* Prospérité.

putra, *m.* Fils.

R

Râdhâ. Nom de la compagne préférée de Krishna.

râga, *m.*
1. Teinture (surtout rouge), teinte, couleur.
2. Modification d'un état antérieur.
3. Mode musical.
4. Stade du Bhakti-Yoga où l'adorateur est plongé dans la joie.
5. Cinquième stade de la *madhura-bhakti* où l'amour de l'adorateur pour son *îshta-devatâ* est tel que lui paraît agréable tout ce qui peut lui en procurer la vision. — Cf. *vaïrâgya*.

râga-bhakti, *f.* La plus haute forme de dévotion (RKr).

râgânuga, *nt.* L'amour qui suit l'attachement (Viv).

râgânuga-bhakti, *f.* *Bhakti* émotive et mystique.

rahasya, *adj.* Secret.

RAJ, *rac.* Régner sur.

râjarshi, *m.* Grand *rishi*, *rishi* royal.

rajas, *m.*
1. Couleur rouge.
2. Sang menstruel.
3. Souillure, impureté, poussière.
4. Passion.
5. Le deuxième des trois *gunas* caractérisé dans la Nature par le désir, l'action et la passion.

râjasûya, *nt.* Consécration royale.

Râja-Yoga, *m.* Yoga procédant essentiellement par la méditation.

râja-yogin, *m.* Qui pratique le Râja-Yoga.

rajju-sarpa, *m.* La corde et le serpent.

rajoguna, *m.* Syn. de *rajas*.

râkshasa, *m.* Catégorie d'êtres démoniaques.

râkshasî, *f.* Démone.

rakshita, *nt.* Protégé.

rakti, *f.* Attachement (Viv).

râma, *adj.* Charmant.

Râma(-chandra), *m.* Septième incarnation de Vishnou.

Râma-nâman, *nt.*
1. Le nom de Râma.
2. *Japa* sur le *mantra* de Râma (Rdas).

râma-navamî, *f.* Neuvième jour de la Quinzaine lunaire où l'on fête l'anniversaire de la naissance de Râma.

Râmânuja (xiie siècle). Docteur du Védânta, variante *vishishtâdvaïta*.

Râmâyana, *nt.* Poème épique relatant l'histoire de Râma.

rana, *nt.* Bataille.

rasa, *m.* Suc, sève, saveur, essence.

rasâ, *f.* Enfer.

râsalîlâ, *f.* Danse et jeux de Krishna et des gopîs.

rasanâ, *f.* Langue, organe du goût.

rasâsvâda(na), *nt.* Sentiment de bonheur résultant de l'absence de pensées et que l'on éprouve au réveil (RMah).

rasâtala, *nt.* L'un des sept enfers.

ratha, *m.* Char de guerre.

rati, *f.* Joie.

ratna, *nt.*
1. Joyau.
2. Pierre précieuse.
3. Perle.

raudra, *adj.* Sauvage.

râva, *m.* Hurlement.

Râvana, *m.* Roi de l'île de Ceylan (Lankâ), adversaire de Râma.

Ravi, *m.* Un des noms du Soleil.

ravi-mârga, *m.* La voie du Soleil (RMah).

râya-siddhi, *f.* Pouvoir d'immuniser le corps contre toute blessure (RMah).

rayi, *m.* Richesses.

réchaka, *m.* Expiration.

rékhâ, *f.* Ligne, trait.

rénu, *m.* Poussière.

rétas, *nt.*
1. Sperme.
2. Énergie sexuelle (Aur).

rich, *f.* (autre forme : *rig*). Strophe védique.

riddhi, *f.* Abondance, richesse.

rig, rik. Autres formes du mot *rich.*

Rig-Véda, *m.* L'un des quatre Védas.

riksha, *m.*
1. Ours.
2. Singe.

rina, *nt.* Dette.

ripu, *m.* Ennemi.

rishi, *m.*
1. Catégorie d'êtres semi-divins à qui les *mantras* ont été révélés.
2. Auteurs inspirés des hymnes védiques.
3. Sage qui a la vision directe de la vérité.
4. Titre honorifique donné à celui qui est considéré comme un sage. — Cf. *maharshi, dévarshi, râjarshi.*

rita, *nt.* (*Rac.* RI, ajuster).
1. Chose bien ajustée, bien structurée.
2. Ordre rituel ou cosmique.
3. Le réel, la vérité, le bien.

ritam-jyotish, *f.* La lumière de la Vérité (Aur).

ritvij, *m.* Prêtre officiant.

rodasî, *f.* Le ciel et la terre.

roga, *m.* Maladie.

rogin, *adj.* Malade.

roti (hindî). Pain de froment.

rudhira, *nt.*
1. Sang.
2. La planète Mars.

Rudra-granthi. Synonyme de *âjnâ-chakra.*

rudrâksha, *m.* Baie utilisée pour la confection des chapelets shivaïtes.

rûpa, *nt.*
1. Forme.
2. Beauté.

ruru, *m.* Antilope.

S

sa-. Préf. signifiant avec.

sabhâ, *f.* Assemblée.

sabîja, *adj.* Avec semence.

sach-. Autre forme de *sat.*

Sachchidânanda, *m.* ou *nt.* L'Être ou Réalité suprême en tant que Existence (*sat*) absolue, Conscience (*chit,* absolue et Béatitude (*ânanda*) absolue.

sad- Autre forme de *sat-*

sadâchâra, *m.* Conduite juste (Siv).

sad-âtman, *m.* Pure existence (Aur).

sadavrat (hindî). Aumônes.

sadéha-mukta, *m.* Libéré de son vivant (RMah).

sad-guru, *m.* Véritable *gourou.*

sâdhaka, *m.* Celui qui pratique un yoga.

sâdhanâ, *f.* ou sâdhana, *nt.* (Rac. SÂDH). Pratique d'une discipline spirituelle.

sadhârana, *nt.* Amour égoïste (RKr).

sâdharmya, *nt.* Fait de devenir un avec le Divin (Aur).

sâdhikâ, *f.* Fém. de *sâdhaka.*

sâdhu, *adj.* Bon, saint. — *Subst. m.* Celui qui a renoncé au monde pour se consacrer à la recherche spirituelle.

sâdhya, *nt.* Fin, but (RMah).

sâdrishya, *nt.* Syn. de *sâdharmya* (Aur).

sadya-mukti, *f.* Libération instantanée (RMah).

sâgara, *m.* Océan.

saguna, *adj.* Avec attributs.

saguna-Brahman, *nt.* Le Brahman « qualifié ».

saguna-upâsanâ, *f.* Adoration d'un Dieu personnel (RMah).

saha, *prép.* Accompagné de.

sahadharminî, *f.* Épouse.

sahaja, *adj.* Inné, naturel (Aur, Siv).

sahaja-samâdhi, sahaja-nirvikalpa-samâdhi, *m.* *Samâdhi* auquel on parvient sans effort (RMah, Siv).

sahas, *nt.* Ténacité, persévérance (Siv).

sahasâ, *adj.* Violemment.

sahasra, *num.* Mille.

sahasradala. Synonyme de *sahasrâra*.

sahasrâra, *nt.* (De *sahasra*, mille, et *ara*, rayon de roue, pétale de lotus). Le *chakra* centre de la conscience supérieure, situé au sommet du crâne ou au-dessous de la tête. Représenté par un lotus à mille pétales couleur de diamant, où ne s'inscrit aucun symbole et où le yogin n'entend aucun son.

sahasrâra-chakra, *m.* Cf. *sahasrâra*.

sahita-kumbhâka, *m.* *Kumbhâka* qui s'accompagne d'inspirations et d'expirations. Par opposition à *kevala-kumbhâka*.

sakâma, *adj.* Avec désir.

sâkâra, *adj.* Doué d'une forme (AM, RKr).

sakhi, *m.* Ami.

sakhya, *nt.*
1. Amitié, intimité.
2. Dans la *bhakti* attitude de l'adorateur qui considère son *îshta-devatâ* comme son ami (*sakhi*).

sâkhya-bhakti, *f.* Stade du Bhakti-Yoga où l'adorateur considère Dieu comme son ami.

sakshâtkâra, *nt.* Vision oculaire.

sâkshin, *m.* Témoin, observateur.

salila, *nt.* Eau.

sâlokya, *nt.* État de celui qui demeure avec le Divin (Aur).

sam-. Préf. marquant l'accomplissement, la synthèse ou l'union.

sama.
1. *adj.* identique.
2. *Subst.nt.* Équanimité.
3. Identité.

samadarshana, *nt.* Vision de l'uniformité (Rdas).

samâdhâna, *nt.* Achèvement, solution (AM).

samâdhi, *m.* (Rac. DHÂ, préf. *â-* et *sam-*).
1. Le huitième et dernier membre (*anga*) du Râja-Yoga et du Hatha-Yoga. — Cf. *bhâva-samâdhi, chétanâ-samâdhi, nirvikalpa-samâdhi, savikalpa-samâdhi.*
2. État d'union avec le Dieu personnel ou d'absorption dans l'Absolu.
3. État de supraconscience, passage sur l'un des plans de conscience supérieurs à l'état de veille.
4. Monument funéraire d'un sage ou d'un saint.

samadrishti, *f.* Vision de l'uniformité (Rdas).

samagra, *adj.* Intégral, complet.

sâman, *nt.*
1. Versets destinés à être chantés dans les cérémonies du sacrifice.
2. Mélodies utilisées à cette fin. — Cf. *Sâma-Veda, shabda-brahman.*

samâna, *m.* Prâna régissant les échanges entre *prâna* et *apâna* (Aur).

sâmânya, *adj.* Commun, semblable.

samara, *nt.* Combat.

samarpana, *nt.* Soumission, total don de soi (Aur).

samârtha, *m.* Approprié au but cherché (RKr).

samâsana, *nt.* La pose symétrique. *Âsana* identique au *svastikâsana*, avec cette différence que les deux talons sont posés l'un au-dessus de l'autre et appuyés contre le pubis, au-dessus des parties génitales.

samashti, *f.* Universalité.

samatâ, *f.* ou samatva, *nt.*
1. Égalité.
2. Équanimité.

Sâma-Veda, *m.* L'un des quatre Védas.

sambhâva, *nt.* Absorption dans l'*âtman* (RMah).

samdhyâ, *f.* Crépuscule.

samhitâ, *f.*
1. Collection.
2. Nom technique de certaines parties du Véda.
3. Autre noms des Agama.

sâmîpya, *nt.* État de celui qui est proche du Divin (Aur, Rdas).

samîra, *m.* Vent.

sâmkhya, *nt.* L'un des six *darshanas*.

Sâmkhya-kârikâ, *f.* Commentaire versifié des Sâmkhya-Sûtras.

Sâmkhya-sûtra, *nt. pl.* Texte de base (attribué à Kapila) du Sâmkhya-darshana.

samkîrtana, *nt.* Syn. de *Kîrtana*.

sammoha, *nt.* Perte de conscience (Siv).

samnyâsa, samnyâsin. Orthographe fréquente de *sannyâsa, sannyasin*.

sampada, *nt.* Perfection (Siv).

samprajnâta-samâdhi, *m. Samâdhi* avec conscience.

samprayoga, *m.* (De *prayoga* et *préf.* sam-)
 1. Moyen ou pratique visant à réaliser une union, une association, une conjonction.
 2. État de communion parfaite avec l'*ishta-devatâ*.

samsâra, *m.* (Rac. SAR ; préf. *sam-*).
 1. Cours commun de rivières après leur confluent.
 2. Mouvement circulaire de la conscience divine dans l'espace et le temps (Aur).
 3. Ronde des naissances et des morts (Rdas), réincarnations successives (Viv).
 4. La vie dans le monde de la multiplicité (RMah).
 5. Le monde (RKr).

samsârin, *nt.* Qui est dans le *samsâra* (Rdas, RMah).

samshaya, *m.* Doute, incertitude.

samsiddhi sadharmyâ. Expression sanskrite signifiant : Parvenu à la réalisation par le voie des œuvres (Aur).

samskâra, *m.* (*Rac.* KAR, *préf.* sam-)
 1. Sacrement.
 2. Rite de purification (Siv).
 3. Impression reçue qui continue à vivre dans l'esprit (Viv.), impression subconsciente d'origine karmique (Rdas).

samtosha, *m.* (*Rac.* TUSH, être content, *préf. sam-*)
 1. Satisfaction parfaite.
 2. L'un des *yamas*.

samudra, *m.* Océan.

samudra-mathana, *nt.* Barattement de l'océan de lait (mythologie).

samvid, *f.* (Rac. VID, préf. sam-).
1. Connaissance impliquant un accord et une perfection.
2. Conscience pure (RMah).

sâmya, *nt.* Égalité.

samyâk, *adv.* Parfaitement, complètement (Siv).

samyama, *m.*
1. Maîtrise parfaite de soi.
2. Ensemble de *dhâranâ, dhyâna* et *samâdhi.*
3. Heure où la nature est en paix, propice à la méditation.

samyamana, *nt.* Concentration profonde (RMah).

sâmyâvasthâ, *f.* État d'équilibre (Siv).

samyoga, *m.* (De *yoga,* préf. sam-)
1. Mariage, union sentimentale.
2. Lien que l'analyse permet de déceler entre une chose et une autre.
3. Perception de ce lien.

san-. Autre forme de *sat-.*

sânanda.
1. *Adj.* Béatifique.
2. *Subst. nt.* Méditation sur l'organe intérieur.

sanâtana, *adj.* Éternel.

sanâtana-dharma, *m.*
1. La Loi universelle.
2. L'Hindouisme.

sanâtani hindu (hindî). Hindou orthodoxe (Aur).

sanchitâ-karman, *m.* Actions antérieures qui n'ont pas encore porté leur fruit (Siv).

sandhi, *m.*
1. Jonction.
2. Liaison phonétique entre les mots sanskrits.

sandhi-kâla, *m.* Heure propice à la méditation.

sandhyâ, *f.* Moments rituels quotidiens : aube, midi, crépuscule.

sandhyânvâhika, *nt.* Pratique quotidienne des rites et cérémonies (RKr).

sangha, *m.* Communauté, société.

sanjnâna, *nt.*
1. Connaissance synthétique.

2. Appréhension de l'objet (Aur).

sankalpa, *m.*
1. Structures mentales.
2. Pensées (Siv).
3. Mouvement mental volontaire (AM).
4. Concentration de l'attention (RMah).

sankîrtana, *nt.* Syn. de *kîrtana*.

sannidhi, *m.* Présence.

sannyâsa, *m.* (De *nyâsa*, abandon, *préf.* sam.-)
1. Renonciation à l'action et à la vie dans le monde (Aur.), renoncement à tout attachement aux objets matériels (RMah.)
2. État monastique, état du moine mentiant (Rdas).
3. Ordination monastique.
4. Le quatrième et dernier stade (*âshrama*) de la vie humaine. — Cf. *lingam-sannyâsa, vidisha-sannyâsa, vidvat-sannyâsa*.

sannyâsin, *m.*
1. Celui qui a renoncé au monde, ascète.
2. Celui qui a reçu l'initiation du *sannyâsa*.
3. Celui qui est au quatrième et dernier stade (*âshrama*) de la vie humaine.

sannyâsinî, Féminin de *samnyâsin*.

santosha, *m.* Contentement.

sapta, *num.* Sept.

SAR, *rac.* Couler. Cf. *sarga, Sarasvatî*.

sâra, *m.*
1. Solidité.
2. Vigueur.

Sarasvatî, *f.*
1. Parèdre du Dieu Brahmâ, Déesse de l'intelligence et des arts.
2. Nom d'une rivière.
3. Nom d'un ordre religieux.

sarga, *m.*
1. Écoulement.
2. Création (du monde).

sarpa, *m.* Serpent.

sârshti, *f.* Stade du Bhakti-Yoga où le *yogin* partage la puissance divine (Aur).

sârûpya, *nt.* Stade du Bhakti-Yoga où le *yogin* prend la forme du divin (Aur).

sarva, *adj.* Tout. *Subst. nt.* Le tout, l'univers.

sarva-bhûta, *m. plur.* Tous les êtres.

sarvâdhikarî, *m.* Administrateur d'un *âshram*.

sarva-jna, *adj.* Omniscient.

sarvajnâtva, *nt.* Omniscience.

sarvângâsana, *nt.* Pose du corps tout entier. *Asana* dans lequel le yogin se tient en équilibre sur la tête, la nuque et les épaules, les bras allongés sur le sol. Parfois les avant-bras sont relevés de sorte que les mains appuient contre la partie médiane du dos. Respiration normale.

sarvântaryamin, *m.* Qui vit à l'intérieur de tous ; le Brahman (Rdas).

sarvâtma-bhâva, *nt.* État de conscience où l'individuel se confond avec l'universel (AM).

sarvâtman, *m.* L'âme universelle.

sarva-vid, *adj.* Qui connaît toutes choses (Siv).

sâshtânga, *nt.* Prosternation des huit membres, à plat ventre.

sâsmitâ, *f.* Méditation sur le seul contenu du mental (Viv).

sat, *nt.* (Part. prés. de AS, être).
1. Être.
2. Ce qui est, existence.
3. Ce qui est vrai ou réel.
4. Saint.
5. Vérité, réalité.
6. Essence pure, existence infinie (Aur). — Cf. *satî, satya, Sachchidânanda.*

satatam, *adv.* Continuellement.

Sat-chit-ânanda. Autre graphie de *Sachchidânanda.*

satî, *f.* (*Part. prés.* de AS).
1. Sainte.
2. Épouse chaste et fidèle.
3. Veuve qui s'est immolée sur le bûcher de son mari.
4. Le sacrifice de la veuve qui s'est immolée sur le bûcher de son mari.
5. Parèdre de Shiva.
6. Monument élevé à la mémoire d'une *satî*.

sâtmatâ, *f.* Absorption en l'unique Esprit suprême (Viv).

satupursha, *m.* Le véritable Moi.

satsanga, *m.* La société des sages.

sattva, *nt.* (De *sat*, suff. *-tva*).
1. Le fait d'être.

2. La conformité à l'être.
3. Le fait d'être éminemment bon.
4. Le *guna* supérieur, principe d'équilibre, d'harmonie, de lumière, de sincérité, de pureté.

sattvaguna, *m.* Syn. de *sattva*.

sattvata, *adj.* Chez qui domine le *sattva-guna*.

satya,
1. *Adj.* Vrai, réel, juste.
2. *nt.* Le réel, la vérité.

satya-loka, *m.* Le monde de la vérité, de l'existence vraie (Aur).

satya-yuga, *m.* L'âge d'or, le premier des quatre *yugas*.

saura, *m.* Adorateur du Dieu-soleil (Sûrya).

savichâra, *m.* Avec délibération (Viv).

savikalpa-samâdhi, *m. Samâdhi* avec discrimination.

savitarka-samâdhi, *m. Samâdhi* avec argumentation.

Sâvitrî, *f.*
1. Déesse du Soleil.
2. Prière adressée au Soleil à chaque *samdhyâ*.

3. Poème de Shrî Aurobindo.

Sâyana (xive siècle). Célèbre commentateur des Védas.

sâyujya, *nt.*
1. Union avec l'Être Suprême.
2. Contact avec le Divin (Aur).
3. Stade du Bhakti-Yoga où le yogin est complètement absorbé en le Divin (Rdas).

sénâ, *f.* Armée, troupe.

sétu, *m.*
1. Digue.
2. Pont.

séva, *f.* Service.

shabda, *m.* Son.

shabda-brahman, *nt.* Le Brahman en tant que son primordial, première manifestation.

shadripus, *m. plur.* Les six maux (*kâma, krodha, lobha, moha, mada, matsara*).

shaïva, *adj.* Relatif à Shiva. *Subst. m.* Dévôt shivaïte.

SHAK, *rac.* Avoir la capacité de. *Cf. shakti*.

shâkta, *adj.* Adorateur de la Shakti.

shakti, *f.* (*Rac. SHAK*)
1. Puissance, force, énergie.
2. Pouvoir divin, force consciente du Divin. Force cosmique universelle (Rdas). Pouvoir de manifestation de la non-manifestation (RMah).
3. Manifestation d'un pouvoir de la Conscience et de la Force suprêmes (Aur).
4. Force psychique dans le cœur (Aur).
5. La Mère divine, source de tout pouvoir (Aur).
6. Parèdre et Puissance de manifestation et d'action d'un Dieu particulier, représentée comme une Déesse.

shakti, *f.* Lance, javelot.

shaktichâlana-mudrâ, *f.* Mouvement latéral des muscles abdominaux, en *siddhâsana*.

shaktipâta, *m.* Descente de l'énergie divine.

shakti-sanchâra, *m.* Éveil par le *guru* d'une conscience spirituelle (Rdas).

Shakuntalâ, *f.* Héroïne d'un drama célèbre de Kâlidâsa.

shalabha, *m.* Sauterelle.

shalabhâsana, *nt.* Pose de la sauterelle. *Asana* dans lequel le yogin, à plat ventre sur le sol, les bras allongés contre le corps, les poings fermés, relève ses membres inférieurs en arrière sans plier les genoux, les poumons pleins d'air, sans aucune action respiratoire. Certains maîtres recommandent de relever légèrement la tête, d'autres de poser le menton sur le sol, d'autres encore de poser sur le sol le menton et le nez. Les jambes doivent être soulevées rapidement et sans secousse.

shâlagrâma, *m.* Ammonite sacrée.

shama, *m.* Sérénité.

Shankara (VIIIe siècle). Le plus célèbre des docteurs de l'*advaïta-védânta*. On dit aussi : Shankarâcharya, « maître *(âcarya)* Shankara ».

Shankarâcharya, *Cf.* Shankara.

shankha, *nt.* Conque.

shanmukhi-mudrâ, *f.* Exercice de *prânâyâma* qui

se fait en fermant les oreilles avec les pouces, en appuyant les index sur les yeux, les médius sur les ailes du nez, les annulaires sur la lèvre supérieure et les auriculaires sur la lèvre inférieure.

shânta (-bhâva), *m.* Amour paisible, l'un des 5 aspects de la *râgânugabhakti* (Viv). *Adj.* Calme.

shânti, *f.* Paix.

shara, *m.* Flèche.

sharana, *nt.* Sanctuaire, abri, refuge.

shârdûla, *m.* Tigre.

sharîra, *nt.*
1. Le corps.
2. Le squelette.
3. Enveloppe charnelle.

shârîraka-mîmâmsâ, *f.* Exégèse des rites védiques.

shârîrin, *m.* Créature incarnée (RMah).

shârnga, *adj.* Cornu — *Subst. m.* Sorte d'oiseau.

shash, *num.* Six.

shashânka, *m.* La lune.

shastra, *nt.* Arme.

shâstra, *nt.* Écritures sacrées fondamentales et Traités théoriques des six *darshanas*.

shata, *num.* Cent.

shat-chakra. Les six *chakras* supérieurs (RMah).

shatkarma, *nt..* Les six procédés hatha-yoguiques de lavage du corps. Cf. *Shodhana*.

shatru, *m.* Ennemi.

shaucha, *nt.* Pureté.

shava, *m.* Cadavre.

shavâsana, *nt.* La pose du cadavre. *Âsana* dans lequel le yogin étendu sur le dos, les bras allongés le long du corps, détend tous ses muscles, les yeux fermés. Dans cette position le yogin cherche à concentrer son attention sur son souffle, puis à rendre ce souffle rythmé, et enfin à en augmenter le volume.

shésha, *m.*
1. Restes résidus.
2. Nom d'un serpent mythique, cf. *an-anta*.

shîgra, *adj.* Rapide.

shikhara, *m.*
1. Sommet, pic.

2. Flèche surmontant le sanctuaire dans les grands temples.

shikshâ, *f.* Science de l'élocution.

shilâ, *f.* Pierre.

shîla, *nt.*
1. Coutume.
2. Moralité.

shilom (urdu). Pipe de terre.

shiras, *nt.* Tête.

shîrsha, *nt.* Tête.

shîrshâsana, *nt.* Pose renversée. *Âsana* dans lequel le yogin se tient en équilibre sur le sommet de la tête, les avant-bras posés à plat sur le sol et les mains croisées derrière la tête, et respire normalement. Il peut se compléter de diverses manières : 1°) tout en conservant le tronc, la tête et les bras dans la même position, le yogin plie ses jambes et les croise au-dessus des chevilles, la face extérieure des pieds appuyés contre les cuisses (*utthitordhvapadmâsana*) ; 2°) ensuite, tout en gardant les jambes pliées ainsi, le yogin rabat les genoux en avant jusqu'à hauteur du menton ; 3°) enfin le tronc est plié en avant et les genoux enfoncés dans les aisselles. L'opération peut également se faire en sens inverse.

shishya, *m.* Disciple.

shîtalî, *f.* Exercice de *prânâyâma* dans lequel le yogin enroule longitudinalement sa langue et la sort, entre les lèvres serrées, pour aspirer l'air, avec un sifflement, dans cette position. L'expiration se fait par les deux narines, après une assez longue rétention.

shîtkrama, *m.* Mode de *kapâlabhâti* dans lequel de l'eau est absorbée par la bouche et rejetée par le nez.

Shiva, *m.* L'une des trois personnes de la *trimûrti*.

shivaloka, *m.* Paradis de Shiva.

shivârâtrî, *f.* Fête en l'honneur de Shiva.

Shiva-Samhitâ, *f.* Traité célèbre de Hatha-Yoga.

shivo'ham (*mantra*) : « je suis Shiva ! ».

shloka, *m.* Verset formé de quatre octosyllabes.

shodhana, *nt.* Les six procédés hathayoguiques de nettoyage du corps. Ce sont *dhauti, basti, neti, laulikî,* (ou *naulî*), *trâtaka, kapâlabhâti.*

shoka, *m.* Peine, angoisse.

shraddhâ, *f.* Foi.

shrâddha, *nt.* Cérémonie en l'honneur des morts.

shrama, *m.* Fatigue.

shrauta, *adj.* Qui se rapport à la *Shruti.*

Shrauta-Sûtra, *nt.* Textes védiques concernant le rituel.

shravana, *nt.* Audition d'un enseignement.

shréshta, *adj.*
1. Le meilleur.
2. Éminent.

shrî, *f.*
1. Splendeur.
2. Déesse de la beauté.
3. Formule de respect (Seigneur, monsieur).

Shrî-Bhâshya, *nt.* Commentaire célèbre des Brahma-Sûtras par Râmânuja.

shringa, *nt.*
1. Pic.
2. Corne.

shrîvatsa, *nt.* Mèche sacrée qui seule subsiste à l'occiput, le crâne étant rasé.

shrotiya, *adj.* Qui connaît le secret de la Shruti.

shrotra, *nt.* Oreille.

SHRU, *rac.* Entendre.

shruti, *f.*
1. Audition.
2. Révélation.
3. Le Véda.

shubha, *nt.*
1. Beauté.
2. Prospérité.

shuchi, *adj.* Propre, pur.

shuddha, *adj.* Lavé, pur, saint.

shuddhâdvaïta-vâda, *m.* Doctrine de la non dualité absolue.

shuddha-sattva, *nt.* Pureté absolue.

shûdra, *m.* Membre du quatrième *varna,* qui n'est pas admis à l'initiation (*upanayana*) et dont le rôle est d'assurer les travaux manuels.

shukla, *adj.* Blanc.

shûla, *nt.* Pique, arme de Shiva.

shûnya, *adj.* Vide, vacuité.

shûnyatâ, *f.* Vacuité.

shûra, *adj.* Courageux.

shvéta, *adj.* Blanc.

shvétambara, *adj.* Vêtu de blanc, nom d'une école jaïn.

shyâma, *adj.*
1. Noir.
2. Beau.

siddha, *adj.*
1. Parfait.
2. Libéré.
3. Qui possède des *siddhis*.

siddhânta, *nt.*
1. Solution d'un problème.
2. Connaissance décisive (Viv).

siddhânta-shravana, *nt.* L'un des *niyamas*.

siddhâsana, *nt.* La pose parfaite. *Âsana* dans lequel les jambes sont croisées de telle sorte que la plante du pied gauche soit appliquée contre la cuisse droite, le talon gauche appuyé contre le périnée sous les parties génitales (qui se placent entre la cuisse gauche et le mollet gauche), la jambe droite repliée avec le talon appuyé contre le pubis au-dessus du pénis ; les mains peuvent être posées à plat sur les genoux ou en certaines *mudrâs*.

siddhi, (*Rac.* SIDH) *f.*
1. Succès, réalisation parfaite, efficacité.
2. perfection yoguique.
3. pouvoir supranormal acquis dans la pratique d'un yoga. *Cf. ashta-siddhi, upa-siddhi.*

SIDH, *rac.* Réaliser. *Cf. siddhi, siddhânta.*

simha, *m.* Lion.

simhâsana, *nt.* Pose du lion. *Âsana* dans lequel le yogin, les jambes croisées, est assis sur ses talons et la plante de ses pieds, avec les genoux sur le sol, les bras raides, la paume de chaque main sur le genou correspondant, les doigts écartés et raidis. Dans cette position, le yogin ouvre la bouche à son maximum et sort la langue autant qu'il le peut (parfois en *jâlandhara-*

bandha), avec *nâsagra-drishti* ou *bhrûmadhya-drishti*.

sita, *adj.* Blanc.

Sîtâ, *f.* Épouse de Râma.

Sîtârâm. Formule employée en *mantra* et célébrant Sîtâ et Râma.

sîtkâri, *f.* Catégorie de *prânâyâma* dans laquelle la disposition de la langue et des dents pendant l'inspiration produit une sorte de sifflement, le son *sit*.

smarana, *nt.* Souvenir.

smriti, *f.*
1. Mémoire.
2. Écritures sacrées ne faisant pas partie du Véda. Cf. *shruti*.

snaha, *m.* Deuxième stade de la *madhura-bhakti* où le cœur de l'adorateur se fond dans l'objet de son adoration (*îshta-devatâ*).

snâna, *nt.* Bain. ablution.

snâtaka, *m.*
1. Qui s'est baigné.
2. Rentré dans sa famille après la période de *brahmacharya*.

snéha, *nt.* Attachement.

so'ham, (*so* pour *sah*, Lui ; *ham* pour *aham*, je) : « Je suis Lui ». Autre forme du *mantra hamsa*.

soma, *m.*
1. Ambroisie.
2. Dieu-Lune.

soma-chakra, *nt.* Chakra secondaire situé entre l'*âjnâ-chakra* et le *sahasrâra-chakra*.

sparsha, *nt.*
1. Sens du toucher.
2. Contact.

sparsha-dîkshâ, *f.* Initiation par contact physique (RMah).

sparshamani, *nt.* Pierre philosophale (RKr).

sphota, *nt.*
1. Son primordial, OM.
2. L'aspect le plus subtil de l'univers (Viv).

sphurana, *nt.* Sensation éprouvée dans le centre du cœur (RMah).

srishti, *f.*
1. Écoulement.
2. Création (du monde).

srishti-drishti, *f.* Vision du monde de la multiplicité (AM).

stana, *m.* Sein.

stanita, *nt.* Tonnerre.

stéya, *nt.* Larcin.

STHÂ (autre forme : STHI), *rac.* Se tenir debout. Cf. *sthâna, sthiti.*

sthâna, *nt.*
1. Lieu.
2. Condition.

sthâvara.
1. *Adj.* stable, permanent.
2. *Subst. nt.* Les Écritures sacrées comme Incarnation divine (Siv).

STHI, autre forme de STHÂ.

sthira, *adj.* Ferme, solide ; calme.

sthiratâ, *f.* Stabilité.

sthita, *adj.* Immobile.

sthiti, *f.*
1. Stabilité, permanence.
2. État suprême (RMah).

sthiti-prajnâtâ, *f.* Connaissance inébranlable (RMah).

sthûla, *adj.* Subtil.

sthûla-déha. Synonyme de *sthûla-sharîrâ.*

sthûla-dhyâna, *nt.* Méditation portant sur un objet matériel ou sur une représentation matérielle d'un objet subtil (*îshtadevatâ,* etc.) (Siv).

sthûla-drishti, *f.* Vision normale.

sthûla-sharîra, *nt.* (De *sthûla,* grossier, massif, *sharîra*). Le corps grossier en tant qu'il s'oppose au corps subtil. Cf. *suksma-sharîra.*

stotra, *nt.* Cantique, hymne.

strî, *f.* Femme.

stuti, *f.* Louange rituelle.

su-. *préf.* Bon.

sûdana.
1. *Subst. m.* Meurtrier.
2. *Adj.* Destructeur.

sudarshana-chakra, *nt.* Disque de Krishna.

suhrid, *m.* Ami.

sukha, *nt.* Joie, bonheur.

sukhâsana, *nt.* Posture aisée.

sukritin, *adj.* Vertueux.

sûkshma, *adj.* Subtil.

sûkshma-déha. *nt.* Synonyme de *sûkshma-sharîra.*

sûkhsma-dhyâna, *nt.* Méditation sur la *kundalinî* déjà éveillée.

sûkshma-sharîra, *nt.* (De *sûkshma,* fin et *sharîra,* corps). Le corps subtil en tant qu'il s'oppose au corps grossier (*sthûla-sharîra*). Il comprend les *chakras,* les *nâdis,* la *kundalinî,* l'*antarjyotis,* l'*âkâsha* dans le cœur, les *nâdas* etc.

sûkshma-tanû, *f.* Syn. de *sûkshma-sharîra.*

sûkta, *nt.*
1. Bénédiction.
2. Hymne védique.

sundara, *adj.* Beau.

supta-vajrâsana, *nt.* *Âsana* dans lequel le yogin, les jambes disposées comme en *vâjrâsana,* se penche en arrière jusqu'à ce que ses épaules touchent le sol.

sura, *m.* Être divin, ennemi des *asuras.*

Sûrya, *m.* Nom du Dieu-Soleil.

sûrya-bheda ou **sûrya-bhedana,** *nt.* Catégorie de *prânâyâma* caractérisée par le fait que l'inspiration se fait par la narine droite et l'expiration par la narine gauche, avec *kumbhâka.* Ce dernier, fait en *jâlandhara-bandha,* doit durer jusqu'à ce que le bout des doigts transpire et que tous les poils se hérissent.

sûryanamaskâra, *m.* Salutation au Soleil.

sushumnâ, *f.* Nâdi située au centre de la moelle épinière et le long de laquelle s'élève la *kundalinî.*

sushupti, *f.* Sommeil sans rêves.

sûta, *m.* Cocher de char, aurige.

sutala, *nt.* Un des sept enfers.

sûtra, *nt.*
1. Fil d'un collier.
2. Chaîne d'aphorismes.
3. Aphorisme.

suttee. Orthographe anglaise de *satî.*

suvah, *nt.*
1. Ciel.
2. Exclamation liturgique.

suvâsanâ, *f.* Bonne tendance.

sv-, *préf.* Autre forme de *su*-(avant voyelle)

sva- (*pronom*). Soi-même.

svabhâva, *m.* Nature propre d'un être. Cf. *svadharma*.

svadéshi (hindî), National ; produits nationaux.

svadharma, *m. Dharma* propre d'un individu. Cf. *svabhâva*.

svâdhisthâna, *nt.* (De *sva*, et *adhisthâna*, siège, domaine). Le *chakra* situé dans la région des organes sexuels. Représenté par un lotus à six pétales, de couleur blanche, où s'inscrit un croissant de lune. On y entend la résonance VAM (*nâda*). En rapport avec l'élément Eau (*âpas*).

svâdhyâya, *m.*
1. Récitation solitaire des Védas par un membre de l'une des trois castes supérieures.
2. Réflexion sur les Écritures sacrées ; l'un des *niyamas*.

svâhâ, interjection liturgique. Gloire à..., Salut à...

svapna, *nt.*
1. Sommeil avec rêves.
2. Rêve.

svapna-samâdhi, *m.* Expérience de l'état intérieur dans un état conscient de rêve (Aur).

svapna-siddha, *adj.* Libéré par une inspiration reçue en rêve.

svaprakâsha, *m.* Lumière qui n'a d'autre source qu'elle-même.

svar, *m.* (ou : svarga, *m.*, svargaloka, *m.*)
1. Monde de l'immortalité.
2. Paradis d'Indra.

svarûpa, *nt.*
1. Forme spontanée.
2. Nature essentielle de l'individu.
3. L'être véritable.
4. L'*âtman* (RMah).

svasthâ, *f.* Fait de se tenir sur son propre Moi (Viv).

svastika,
1. *adj.* Auspicieux.
2. *nt.* Symbole de prospérité et de bonheur.
3. *nt.* Geste (*mudrâ*) utilisé dans la danse.

svastikâsana, *nt.* La pose de bon augure. *Âsana* où les jambes sont croisées de telle sorte que la plante du pied droit soit appliquée contre la cuisse gauche, le talon encastré dans l'aine et les orteils levés entre la cuisse et le mollet gauche, le pied gauche posé sur le mollet droit, les orteils encastrés entre le mollet droit et la cuisse droite. Le talon appuyé contre l'abdomen. Les pieds doivent être croisés au-dessus de la cheville. La position peut être inversée. Les mains peuvent être posées à plat sur les genoux ou mises en *jnâna-mudrâ*, avec les poignets se posant sur les genoux.

Svayambhû.
1. *Adj.* Qui ne tient son existence que de lui-même.
2. *Subst., m.* Nom de Brahmâ.

svayamprakâsha, *m.* Suprême existence lumineuse en soi (AM) (cf. *svaprakâsha*).

svayamvara, *m.* Cérémonie au cours de laquelle une princesse se choisit un époux.

svéda, *m.* Sueur.

swâmin, *m.* (ou : *svâmî*). Moine hindou.

T

-tâ, *suff. f.* marquant l'espèce.

tac. Autre forme de *tad*.

tad, *pronom neutre.*
1. Cela.
2. L'Absolu ; le Brahman.

tadâkâra, *m.* Identification avec l'Absolu (Siv).

tadbodha, *nt.*
1. Connaissance de Cela.
2. Connaissance du vrai Moi (Siv).

tadvana, *nt.* Désir transcendant (Aur).

taïjasa, *nt.*
1. L'élément lumineux (Siv).
2. Être individuel subtil (RMah)

taïla, *nt.* Huile.

taïla-dhârâ, *f.* Filet d'huile versé en libation.

tâla, *m.* Borassus flagelliformus.

tamas, *nt.*
1. Ténèbre.
2. Le *guna* inférieur, principe d'obscurité, d'inertie, de lourdeur, d'ignorance (notamment spirituelle), d'incapacité.

tamoguna, *m.* Synonyme de *tamas.*

TAN, *rac.* Tendre, tisser.

tanayû, *f.* Fille.

tândava, *nt.* La danse cosmique (de Shiva).

tandrâ, *f.* Somnolence.

tanhâ, *f.* Attachement à la vie dans le monde.

tanmâtra, *nt.*
1. Chacune des cinq énergies subtiles correspondant aux cinq sens (Aur).
2. Chacun des éléments subtils, particules subtiles (Siv, Viv).

tanmaya, *adj.* Identique.

tantra, *nt.*
1. Tissage.
2. Écritures sacrées présentées comme un dialogue entre Shiva et sa Shakti.

tântrika, *adj.* Relatif aux Tantras. *Subst. m.* Adepte du Tantrisme.

tantrisme. Disciplines spirituelles reposant sur le pouvoir-conscience (*shakti*) conçu comme la Mère divine.

tanû, *f.* Corps.

TAP, *rac.* Chauffer.

tapas, *nt.* (*Rac.* TAP, chauffer).
1. Chaleur, brûlure.
2. Toute sorte d'énergie en action, d'ascèse, d'austérité, de force consciente agissant sur elle-même ou sur son objet (Aur)
3. Ardeur, ferveur.
4. Dévotion.
5. Souffrance, pénitence.
6. Chaleur intérieure produite sur les exercices spirituels.

tapasvin, *m.* Ascète.

tapasyâ, *f.*
1. Ascèse, volonté d'action.
2. Purification.
3. Maîtrise du mental et des sens (Aur)
4. Austérités (Rdas).

tapobhûmi, *f.* Le monde où pratiquer *tapas* (Rdas)

tapoloka, *m.*
1. Monde de l'énergie de la conscience de soi (Aur).
2. Monde suprême (Siv).

târa, *f.* Étoile.

taraksha, *m.* Hyène.

tarka, *m.*
1. Raisonnement.
2. Logique.

taru, *m.* Arbre.

tat. Autre forme de *tad*

tatashâ, *f.* Indifférence (Siv).

tat-sat (mantra). « Cela est. »

tattva, *nt.*
1. Les 24 principes de l'Énergie cosmique énumérés dans le Sâmkhya.
2. Signification intérieure (AM).

tattva-jnâna, *nt.* Connaissance de la réalité.

tat tvam asi (mantra). « Tu es Cela ! »

téjas, *nt.*
1. Lumière.
2. Chaleur.
3. Énergie.

téjomaya, *adj.* Fait de lumière.

thug, (bengalî).
1. Adepte d'une certaine secte tantrique.
2. Bandit.

tigma, *adj.* Aigu.

tigmâ, *f.* Le degré suprême de *mumukshutvâ* (Siv).

tikâ, *f.* Commentaire.

tilak, *nt.* Forme moderne du mot *tilaka*.

tilaka, *nt.* Marque portée sur le front.

tîrtha, *nt.*
1. Gué.
2. Lieu de pèlerinage.

tiruvachchi (tamoul). Le cercle de feu dans lequel danse Shiva Natarâjâ.

titikshâ, *f.* Égalité d'âme, patience, endurance.

tîvra, *adj.* Intense.

tosha, *m.* Synonyme de *tushti*.

traïgunâtîta, traïgunya, *adj.* Au-delà des trois *gunas*.

trapâ, *f.* Pudeur.

trâtaka, *nt.* Exercice yogique consistant à fixer des yeux un point précis avec intensité pendant un certain temps sans cligner, jusqu'à ce que les larmes coulent ; c'est un des six *karmas* du Hatha-Yoga, qui donne la « vision céleste ».

tretâ-yuga, *m.* Le deuxième *yuga*.

tri, *num.* Trois.

tridasha, *num.* Trente.

trigunâtîta, *adj.* Syn. de *traïgunâtîta*.

trikonâsana, *nt.* Pose triangulaire. *Âsana* dans lequel le yogin, debout, jambes écartées, fait une flexion latérale du torse pour toucher les orteils gauches avec la main gauche, en dressant verticalement le bras droit, ou inversement.

trikûta, *nt.*
1. Espace entre les deux sourcils.
2. Syn. d'*âjnâ-chakra*.

trimûrti, *f.*
1. Forme triple.
2. Les trois visages d'Ishvara : Brahmâ, Vishnou et Shiva.

tripûti, *f.* La triade connaissant, connaissance, connu (AM, Siv, RMah)

trishnâ, *f.*
1. Soif.
2. Amour des choses de ce monde (Siv).

trishûla, *nt.* Trident, l'arme de Shiva.

trivarga, *m.* Les trois buts de l'homme : *kâma*, *artha* et *moksha*.

tulasî, *f.* (ou *tulsî*). Basilic consacré à Krishna.

tulya, *adj.* Équivalent.

turîya, *adj.*
1. Quatrième.
2. Le quatrième état de conscience, au-delà de veille, sommeil et rêve.
3. L'Inconnaissable silencieux (Aur).

turîyâtîta, *adj.* Qui est au-delà du quatrième état.

tushti, *f.* Contentement.

-tva, *suff. nt.* marquant l'espèce, l'appartenance à une catégorie.

tvach, *f.* Peau.

TYAJ, *rac.* (Autre forme : TYAG). Abandonner, laisser.

tyâga, *nt.*
1. Abandon, détachement.
2. Renoncement.

tyâgin, *m.* Qui pratique le renoncement (*tyâga*).

U

uchchhista, *nt.* Les restes d'un repas.

uda, *nt.* Eau.

udâna, *m.* Le *prâna* qui irrigue la partie supérieure du corps.

udara, *nt.* Ventre.

udâsina, *adj.*
1. Indifférent.
2. Qui es établi au-dessus (Aur, RMah).

uddharsha, *m.* Gaieté excessive.

uddiyâna-bandha, *m.* Exercice hatha-yoguique de soulèvement du diaphragme. Il se pratique debout avec les mains posées sur les genoux. Une exhaltation complète est suivie d'une expansion (sans inhalation) de la cage thoracique.

udghâta, *m.*
1. Coup.
2. Éveil de la *kundalinî* (Viv).

udvéga, *nt.* Inquiétude, angoisse.

ugra, *adj.* Violent, terrible.

ujjâpî ou ujjâyî, *f.* Sorte de *prânâyâma* qui peut se pratiquer debout, et même en marchant, avec les mains sur les os iliaques, ou assis, les mains sur les genoux. L'inhalation se fait par les deux narines, par expansion de la cage thoracique, la glotte partiellement fermée, l'abdomen légèrement contracté, ce qui produit un son analogue à des sanglots. La rétention se fait par fermeture totale de la glotte, avec *jâlandhara-bandha* et obturation des narines, sans relâchement des muscles abdominaux ; la durée doit en être telle qu'il n'y ait aucun sentiment de suffocation et que l'exhaltation puisse se faire harmonieusement. L'exhalation se fait par la narine gauche, en cessant *jâlandhara-bandha,* en ouvrant partiellement la glotte et en contractant davantage les muscles abdominaux.

ulla (tamoul). Conscience (RMah).

unmada, *adj.* Fou.

upadésha, *m.* (*Rac.* DISH).

1. Instuction spirituelle donnée par un maître qualifié.
2. Initiation.

upâdhi, *f.*
1. Trace, marque.
2. Modification (RKr).
3. Contingence (RMah).

upa-guru, *m. Guru* secondaire.

upanayana, *nt.* (*Rac.* NÎ, préf. *upa-*). Dans les trois *varnas* supérieurs cérémonie d'initiation d'un jeune garçon.

upapurâna, *nt.* Purâna secondaire.

uparaki (hindî). Satiété (Siv).

uparati, *f.* Calme, repos.

upâsaka, *m.* Celui qui pratique la concentration.

upâsanâ, *f.*
1. Enseignement.
2. Méditation, exercices spirituels (RMah).

upâsanâ-sthâna, *nt.* L'espace entre les sourcils (RMah).

upasarga, *m.* Malheur.

upa-siddhi. Pouvoir supranormal secondaire acquis dans la pratique d'un yoga.

upastha, *m.* Organes sexuels.

upâsya-mûrti, *f.* Image du *gourou*.

upa-tantra, *nt.* Tantra secondaire.

upavâsa, *m.* Jeûne, diète.

upavîta, *nt.* Cordon brahmanique.

upâya, *m.* (*Rac.* I, *préf.* upa-). Moyen ou technique permettant d'atteindre un résultat.

upékshâ, *f.* (ou : *upékshana, nt.*) Indifférence.

uras, *nt.* Poitrine.

ûrdhva, *adj.*
1. Vers en haut.
2. Dressé.

urdhvarétas, *adj.* Parfaitement chaste (RKr, Siv).

urdu, *m.* Forme de hindî mêlé de mots persans, surtout parlé dans le Nord-Ouest de l'Inde.

ushas, *f.*
1. Aurore, aube.
2. Déesse de la lumière du matin.

utkata-karman, *nt.* *Karman* qu'il est presque impossible d'éliminer (Aur).

utkatâsana, *nt.* Pose dans laquelle le yogin, agenouillé sur le sol, les orteils reposant sur le sol, est accroupi sur ses talons.

utpala, *nt.* Lotus bleu.

utpâta, *m.* Mauvais présage.

utsâha, *m.* Optimisme.

uttama, *adj.* Principal, ultime, suprême.

uttama prânâyâma ; *m.* *Prânâyâma* supérieur, où les trois opérations durent respectivement le temps de prononcer 16, 64 et 32 fois le *mantra* OM.

uttara, *adj.* Supérieur.

uttara-mîmâmsâ, *f.* Syn. du Védânta.

uttarâyana, *nt.* Solstice d'été.

utthitordhva-padmâsana, *nt.* Variété de *shîrshâsana*.

V

VÂCH, *rac.* Parler. *Cf.* *vâch, vâchyârtha.*

vâch, *f.*
1. Déesse de la Parole.
2. Le Verbe.

vâchyârta, *m.* Connaissance (RMah).

VAD, *rac.* Dire, exposer.

vâda, *m.*
1. Discours.
2. Doctrine.

vâhana, *nt.*
1. Véhicule.
2. Monture.

vahinsâra, *m.* Exercice d'*antardhauti* dans lequel le *nâbhi-granthi* est amené au contact de la colonne vertébrale.

vaïdha, *adj.* Prescrit.

vaïdhî-bhakti, *f.* *Bhakti* ritualiste.

vaïdhi-karman, *nt.*
1. Acte rituel.

2. Travail prescrit (RKr).

vaïdya, *adj.* Savant.

vaïkârika, *adj.* Soumis aux changements.

Vaïkuntha, *m.* Paradis de Vishnou.

vaïrâgin, *m.*
1. Ascète qui a renoncé.
2. Disciple de Râmânuja (Viv).

vaïrâgya, *nt.* (De *râga*, préf. *vi-*). Vision sans passion du monde extérieur (RMah.), indifférence pour les choses de ce monde (Rdas), détachement absolu (Viv.), aversion pour le monde et la vie (Aur).

vaïshéshika, *nt.* Un des six *darshanas*.

vaïshya, *m.* (De *vésha*, domaine agricole). Membre du troisième *varna*, dont la tâche est de produire des richesses.

vajra, *m.* ou *nt.* (Rac VAJ, être fort).
1. Arme de jet, principal attribut du Dieu Indra.
2. La foudre.
3. Diamant.
4. Phallus.
5. *Mantra* tantrique.
6. La communauté des initiés tantriques.

vajrâsana, *nt.* *Âsana* dans lequel le yogin, les genoux joints et posés à terre, est assis sur ses pieds croisés, ou entre ses pieds : appliqués contre le corps, la plante en l'air ; les mains sont posées sur les genoux.

vajrolî, *f.* (De *vajra*). Rite tantrique où l'homme absorbe avec son pénis le sang menstruel de sa partenaire.

vâk, *f.* (Autre forme de *vâch*). La Parole.

vakra, *adj.* Courbe.

vakrâsana, *nt.* *Âsana* dans lequel le yogin, assis sur le sol, a la jambe gauche étendue sur le sol, la jambe droite relevée et pliée (le genou sous l'aisselle gauche et la plante du pied à plat sur le sol), les paumes des deux mains à plat sur le sol et le menton sur l'épaule droite — ou inversement.

vâkyânusandhâna, *nt.* Méditation sur le sens profond des formules upanishadiques (Siv).

Vâlmiki, *m.* Auteur du Râmâyana (dates inconnues).

vâmâchârin, *m.* Tantrique suivant la « voie de la main gauche ».

vâmadakshinapadâsana, *nt.* Exercice dans lequel le yogin, debout, lève alternativement ses jambes étendues jusqu'à la position horizontale.

vâma-mârga, *m.* Voie de la main gauche ; nom d'une forme de tantrisme.

Vamana, *m.* « Nain » ; l'un des avatâras de Vishnu.

vamana-dhauti, *f.* Méthode de *hriddhauti* qui procède par vomissements.

vâma-nauli, *f.* Dans la *nauli,* pose où la moitié gauche du muscle grand droit de l'abdomen fait saillie sur toute sa longueur sur la partie gauche de l'abdomen.

VAN, *rac.* Recouvrir.

vana, *nt.* Forêt.

vânaprashta, *nt.* Le troisième *âshrama,* où l'hindou se retire dans la forêt, éventuellement avec sa femme.

vânara, *m.* Singe.

-vant. *Suff.* marquant l'appartenance.

vara, *adj.* Excellent, meilleur, bienfaisant.

Varâha, *m.* « Sanglier » ; l'un des avatâras de Vishnou.

vârî, *f.* Eau.

vârisâra, *m.* Procédé d'*antardhauti* par lequel le corps est rempli d'eau, qui est ensuite évacuée par l'anus. Le plus souvent, cette eau a également été pompée par voie anale.

varna, *m.*
1. Couleur.
2. Fonction.
3. Caste.

varnâshrama, *m.* Le système des quatre castes et des quatre âshramas.

varsha, *m.*
1. Pluie.
2. (au plur.) l'été.

Varuna. L'un des grands Dieux du panthéon védique.

vâsana, *m.*
1. Imprégnation d'une substance par un parfum.
2. Trace laissée par ce parfum.
3. Imprégnation mentale, souvenir subconscient (Rdas).

vashitva, *nt.* Faculté de domination ; l'un des *siddhis.*

vâsodhauti, *f.* Méthode de *hriddhauti* dans laquelle l'expectoration ou le vomissement est provoqué en enfonçant dans la gorge un morceau d'étoffe ou en l'avalant.

vastu, *nt.* Ce qui existe, objet, réalité.

vasûda, *nt.* Découragement.

vâta, *m.* Vent.

vâtakrama, *m.* Mode de *kapâlabhâti* qui se pratique par inhalation et exhalation d'air.

vâtâsara, *m.* Procédé d'*antardhauti* par lequel de l'air est aspiré dans l'abdomen, puis rejeté.

vatsa, *m.* Veau.

vâtsalya, *nt.*
1. Tendresse, affection.
2. Dans la *bhakti,* attitude de l'adorateur qui considère son *îshta-devatâ* comme son petit enfant.

vâyu, *m.*
1. Vent, air.
2. Souffle vital.
3. Le Dieu Vâyu, un des « gardiens du monde » (*lokapâla*).

Véda, *m.* (*Rac.* VID).
1. Le Savoir par excellence, la Science parfaite.
2. L'ensemble des Écritures sacrées de l'Hindouisme. — Cf. Samhitâs, Brâhmanas, Âranyakas, Upanishads, Rig-Véda, Yajur-Véda, Sâma-Véda, Atharva-Véda.

védânga, *nt.* Sections annexes du Véda, telles que la Phonétique, la Géométrie, la Grammaire.

védânta, *m.* (De *anta,* fin, et *véda,* savoir).
1. Aboutissement, couronnement du Véda.
2. Les Upanishads.
3. La théologie hindoue.
4. Celui des *darshanas* qui est consacré plus particulièrement à la métaphysique. — Cf. *advaïta-védânta, dvaïta-védânta, vishishtâdvaïta-védânta.*

Védânta-Sûtra, *nt.* Autre nom de Brahma-Sûtras.

védavâda, *m.* Science traditionnelle du Véda.

vi-. *Préf.* marquant l'analyse, la discrimination ou la dispersion.

vibhâga, *m.*
1. Distribution.
2. Part.
3. Différenciation (Aur).

vibhakti, *f.* Sentiment de séparation d'avec le Divin (RKr).

vibhu, *adj.* Qui pénètre tout, l'Omniprésent (AM).

vibhûti, *f.* (Rac. BHÛ, préf. *vi-*).
1. Déploiement, manifestation.
2. Toute manifestation de force.
3. Apparition d'une *siddhi* dans la pratique d'un yoga.
4. Puissance divine manifestée dans le monde (Aur.).
5. Incarnation d'une énergie particulière d'un Dieu (Aur.).
6. Forme suprême qui se révèle dans les objets des sens (AM.).
7. Cendres sacrées (RMah.).

vichâra, *m.* Réflexion, investigation.

VID (autres formes : VÉD, VAÏD). *Rac.* Savoir. Cf. *vidyâ, Védânta, vaïdya.*

vidéha, *adj.*
1. Non-incarné.
2. Affranchi de toute conscience du corps (AM).

vidéha-mukti, *f.* Libération obtenue alors que l'on est encore dans la condition corporelle.

vidhi, *f.*
1. Règle rituelle.
2. Injonction.

vidhi-vâdha, *m.*
1. Doctrine ritualiste.
2. Dévotion rituelle (RKr).

vidisha-sannyâsa, *Sannyâsa* que précède un sens de détachement du monde (AM.).

vidvat-sannyâsa. *Sannyâsa* par excellence, qui correspond à une liberté absolue (AM.).

vidyâ, *f.*
1. Connaissance de la réalité.
2. Conscience de l'unité.

vighna, *nt.* Obstacle.

vigraha, *m.*
1. Forme individuelle, corps d'un être vivant.
2. Représentation plastique consacrée (AM).

vijnâmaya-purusha, *m.* Être parvenu à l'illumination (Siv).

vijnâna, *nt.*
1. Connaissance discriminante.
2. Gnose (Aur).
3. Connaissance supramentale (Rdas).

4. Plénitude de la connaissance (RKr).
5. Réalisation (RKr).

vijnânamaya-kosha, *m.*
1. Fourreau de la connaissance.
2. Enveloppe spirituelle (Siv).

vijnânima, *f.* Compréhension totale dans l'ensemble et le détail.

vijnânin, *nt.* Qui possède *vijnâna*.

vikalpa, *m.*
1. Discrimination.
2. Différenciation.
3. Idée fausse (Siv).

vikâra, *m.* Transformation, déformation.

vikshépa, *m.* Distraction, dispersion.

viloma, *nt.* Syn. de *prati-loma*.

vimâna, *nt.* Char aérien.

vimarsha, *m.* Délibération mentale.

vimoha, *m.*
1. Trouble mental.
2. Asservissement aux désirs (Viv).

vimoksha, *m.* Libération (cf. *moksha, mukti*).

vinasha, *nt.* Dissolution.

VIND, *rac.* Trouver.

viparîta-bhâvana, *nt.,* Connaissance défectueuse (RMah). Fausse croyance en la réalité du monde sensible (Siv);

viparîtâ-jnâna, *nt.* Croyance erronée.

viparîta-karanî, *f.* Exercice de Hatha-Yoga dans lequel le yogin repose sur la partie postérieure de la tête, la nuque, les épaules et les bras, avec les avant-bras relevés verticalement, les mains soutenant les fesses, les jambes allongées verticalement. Les yeux sont fermés ou bien le regard est fixé sur les orteils. Dans cette position, qui est gardée de 24 secondes à 24 minutes, le yogin pratique le *jihvâ-bandha*.

viphala, *adj.* Stérile.

vipra, *m.*
1. Inspiré.
2. Prêtre.
3. Brahmane.

vîra, *m.*
1. Homme.
2. Héros.

viraha, *m.*
Douleur due à l'absence du Bien-aimé.

virâj, *f.* (ou : *virât*).
1. L'énergie cosmique.
2. L'univers, le macrocosme.

vîrâsana, *nt.* Posture du héros.

virât, *f.* L'univers, le macrocosme. (*Cf. virâj*).

virât-purusha, *m.* L'être universel (Aur, Siv).

virodha-bhakti, *f.* La *bhakti* de la haine (Aur).

vîrya, *nt.* Force, énergie, courage, héroïsme.

visarga, *m.* Création secondaire.

visha, *nt.* Poison.

vishaya, *m.* Objet des sens.

vishaya-vritti, *f.*
1. Activité sensorielle.
2. Pensée objective (RMah).
3. Pensée sensuelle (Siv).

vishésha, *m.* Discrimination, différence.

vishishta, *adj.* Différencié.

vishishtâdvaïta, *nt.* Monisme mitigé.

vishishtâdvaïta-védânta, *nt.* Forme de Védânta acceptant un monisme mitigé.

Vishnu (parfois orthographié Vishnou). L'une des trois personnes de la trimûrti.

Vishnu-granthi. Synonyme d'*anâhata-chakra*.

vishrânti, *f.* Apaisement.

vishuddha, *nt.* (De *shuddha,* purifié, *préf. vi-*) Le *chakra* situé dans la région de la gorge. Représenté par un lotus à seize pétales, de couleur dorée, où s'inscrit un triangle pointe en bas dans un cercle. On y entend la résonance (*nâda*) HAM. En rapport avec l'élément Ether (*âkâsha*). Syn. : *kantha-chakra, kantha-padma*.

vishuddha-chakra.

vishva, *pronom.* Tout.

vishvadéva, *m. pl.* (De *vishva,* et *déva*)
1. Tous les Dieux.
2. Groupe de dix dévas.

vitala, *nt.* Un des enfers.

vivarta, *m.*
1. Changement.

2. Évolution subjective (Aur).

vivéchana, *nt.* Discrimination.

vivéka, *nt.* Même sens que le précédent.

viyoga, *m.* Séparation.

vrata, *nt.*
1. Rite.
2. Vœu.
3. Austérité.

vrikshâsana, *nt.* Exercices hatha-yoguiques qui se font debout sur la tête.

vrishan, *m.* (ou : **vrishabha**) Taureau.

vritti, *f.*
1. Activité.
2. Modification de la substance mentale vague dans le mental (Rdas).
3. Impulsion (Siv).
4. Modalité mentale (RMah).

vritti-jnâna, *nt.* Connaissance due à l'activité du mental diviseur (AM).

vy-. Autre forme de vi- (avant voyelle).

vyabhichârin, *adj.* Inconstant.

vyâna, *nt.* Celui des cinq *prâna* qui distribue les énergies vitales dans le corps (Aur).

vyâpti, *f.*
1. Ordre universel.
2. Omni-pénétrant (Viv, RMah).

Vyâsa (Dates inconnues)
1. *Rishi* responsable de la mise en ordre des Védas.
2. Premier commentateur des Yoga-sûtras de Patanjali.
3. Auteur du Mahâbhârata.

vyashti, *f.*
1. Chose réussie.
2. La partie, le particulier opposé au Tout (RMah).

vyâtha, *nt.* Peur.

vyavahâra, *nt.*
1. Vie quotidienne.
2. Sujétion (Aur).

vyavahârika, *adj.*
1. Quotidien.
2. Relatif (Aur).
3. Pragmatique (Siv).

vyoman, *nt.* Ciel.

vyutkrama, *m.* Mode de *kapâlabhâti* dans lequel de l'eau est aspirée par le nez et rejetée par la bouche.

Y

yajamâna, *m.*
1. Celui qui offre le sacrifice.
2. Époux.

yajna, *m.*
1. Le culte en général.
2. Sacrifice.

yajnopavîta, *nt.* Cordon sacré.

Yajur-Véda, *m.* L'un des quatre Védas.

yajus, *nt.* Formule sacrificielle.

yaksha, *m.* Demi-dieu ou démon assistant de Kubéra.

YAM, *rac.* Maîtriser, dompter. Cf. *yama, niyama.*

yama, *m.*
1. Discipline permettant de se rendre maître d'impulsions mauvaises.
2. Premier membre (*anga*) du Râja-Yoga et du Hatha-Yoga, comprenant *ahimsâ, satya, astéya, brahmachârya, a-parigraha.*

Yama, *m.* Dieu des morts.

Yamaloka, *m.*
1. Le monde de Yama.
2. Paradis dualiste (Aur).

yantra, *nt.* (*rac.* YAM, suff. *-tra*).
1. Figure géométrique tracée matériellement ou mentalement pour dompter le mental et maîtriser les forces cosmiques.
2. Moyen mnémotechnique.
3. Machine, engin.

yâtanâ, *f.* Torture.

yati, *m.* Moine, renonçant, anachorète.

YOG, autre forme de YUJ.

yoga, *m.* (*Rac.* YUJ).
1. Action d'atteler.
2. Méthode pour dresser des chevaux.
3. Mode d'emploi, technique.
4. Discipline spirituelle.
5. Râja-Yoga.
6. Hatha-Yoga.
7. État d'union ou d'unité de l'être subjectif avec le Suprême (Aur). — Cf. *Bhakti-Yoga, Jnâna-Yoga, karma-yoga, kundalinî-yoga, laya-yoga, kriya-yoga.*

yoga-bhûmikâ, *f.* Les cinq étapes : *kshipta, mudha, vikshipta, ekâgrata* et *nirodha*.

yoga-brashta, *adj.* Yogin qui est retombé (RMah, Siv).

yoga-danda, *m.* Support pour le bras dans la méditation (Rdas).

yoga-mudrâ, *f.*
1. Tout geste utilisé dans le Yoga, en complément d'une posture donnée.
2. Exercice de Hatha-Yoga dans lequel le yogin est assis sur le sol, les cuisses écartées posées sur le sol, les jambes croisées au-dessus des chevilles, les pieds posés à plat sur les cuisses, la plante en l'air, le torse penché en avant, le visage à plat sur le sol, les mains ramenées derrière le dos, une main serrant l'autre poignet, ou bien les mains posées sur les talons.

yoganidrâ, *f.* Sommeil yoguique.

yoga-siddhi, *f.*
1. Pouvoirs « merveilleur » obtenus par la pratique du Yoga.
2. Réalisation des buts du yoga (Aur).

Yoga-Sûtra, *nt.* Texte de référence du Yoga, attribué à Patanjali.

yogin, *m.* (Parfois orthographié yogî).
1. Celui qui pratique un yoga.
2. Celui qui est parvenu à un haut niveau de réalisation spirituelle.

yoginî, *f.*
1. Femme qui pratique un yoga.
2. Sorcière.

yojana, *nt.* Mesure de longueur.

yoni, *m.* Matrice.

yoni-mudrâ, *f.* Exercice de Hatha-Yoga dans lequel le yogin se ferme les yeux, les oreilles, la bouche et les narines avec ses mains.

yuddha, *nt.* Guerre, lutte.

yuga, *nt.* Cycle, âge cosmique. On distingue le *krita-yuga,* le *tréta-yuga,* le *dvâpara-yuga* et le *kali-yuga*.

yuga-dharma, *m.* Le *dharma* qui convient à un *yuga* donné.

yugânta, *m.* La fin (c'est-à-dire le but) d'un yoga.

YUJ (autres formes : YOG, YUK), *rac.* atteler, unir. *Cf. yoga, yukta.*

yukta, *adj.* Attelé, uni. *Yogin* dont les sens sont parfaitement maîtrisés.

YUK, *rac.* Autre forme de YUJ.

yukta, *adj.* Attelé, joint.

DANS LA MÊME COLLECTION

Aube (L') du tantra, par Herbert V. Guenther et Ch. Trungpa.
Bardo-Thödol. Le livre tibétain des morts. Préface de Lama Anagarika Govinda.
Cosmogonie japonaise (La), par J. Herbert.
Couronne royale (La), par S. Ibn Gabirol.
Création en dieu, par L. Schaya.
Doctrine bouddhique de la Terre Pure (La). Introduction à Trois Sûtra bouddhiques, par J. Eracle.
Doctrine de la non-dualité et christianisme, par un moine d'Occident.
Doctrine du sacrifice (La), par Ananda K. Coomaraswamy.
Esotérisme (L') comme principe et comme voie, par F. Schuon.
Evangile ésotérique de Saint-Jean (L'), par Paul Le Cour.
Formes et substances dans les religions, par F. Schuon.
Guru Kripa, La grâce de guru, par P. Mandala.
Hindouisme vivant (L'), par J. Herbert.
Ikebana Ohara, Art floral japonais, par A. Gendrot.
Introduction à l'ésotérisme chrétien, en deux tomes par l'Abbé Stéphane.
Jésus et la gnose, par E. Gillabert.
Livre des Morts des Anciens Egyptiens (Le), Introduction de G. Kolpaktchy.
Lumière d'Orient. Des chrétientés d'Asie... aux mystères évangéliques, par J. Tourniac.
Maître inconnu Cagliostro (Le), par le Dr M. Haven.
Mantras (Les) ou la puissance des mots sacrés, par J. Blofeld.
Manuel de bouddhisme Zen, par D.T. Suzuki.

Méditation bouddhique (La), par le Dr J. P. Schnetzler.
Méditation dans le Bhâgavata Purâna (La). Etude sur la méthode du dhyâna, par A. Nayak.
Méditation taoïste (La), par I. Robinet.
Perspective métaphysique (La), par G. Vallin.
Progrès ou déclin du mal dans le monde actuel ?, par H. Agel.
Puissance du serpent (La), par A. Avalon, traduction de Ch. Vachot.
Réflexion sur la Bhagavad-Gîtâ, vue dans son contexte, par J. Herbert.
René Guénon, la contemplation métaphysique et l'expérience mystique, par Ch. Andruzac.
Sens caché des évangiles et l'avenir de l'humanité (Le). Révélations du Christ à Jacob Lorber en 1840, par K. Eggenstein.
Soufisme (Le), voile et quintessence, par F. Schuon.
Sri Aurobindo - Mère : Shiva-Shakti, par T. Brosse.
Symbolisme hermétique (Le), dans ses rapports avec l'alchimie et la Franc-Maçonnerie, par O. Wirth.
Tao Te King. Le livre du Tao et de sa vertu, par Lao Tseu.
Temps (Le) et l'éternité, par Ananda K. Coomaraswamy.
Vie posthume et résurrection dans le judéo-christianisme, par J. Tourniac.
Vocabulaire de l'Hindouisme, par J. Herbert et J. Varenne.
Voie (La) du Yoga, par J. Papin.
Voie des fleurs (La), par Gusty L. Herrigel.
Yoga des Pharaons (Le), par G. et B. Khane.
Yoga spirituel (Le) de Saint-François d'Assise, par F. Chenique.
Yogas, porte de la sagesse, par J. Blofeld.

CET OUVRAGE A ÉTÉ ACHEVÉ D'IMPRIMER EN JUIN 1985
SUR LES PRESSES DE L'IMPRIMERIE DARANTIERE À DIJON-QUETIGNY

Dépôt légal : 2ᵉ trimestre 1985 - N° d'imprimeur : 162